Arndt Beiderwieden

Marketing

Ein kompetenzorientiertes
Informations- und Arbeitsbuch

5. Auflage

Bestellnummer 01685

■ Bildungsverlag EINS
westermann

Die in diesem Produkt gemachten Angaben zu Unternehmen (Namen, Internet- und E-Mail-Adressen, Handelsregistereintragungen, Bankverbindungen, Steuer-, Telefon- und Faxnummern und alle weiteren Angaben) sind i.d.R. fiktiv, d.h., sie stehen in keinem Zusammenhang mit einem real existierenden Unternehmen in der dargestellten oder einer ähnlichen Form. Dies gilt auch für alle Kunden, Lieferanten und sonstigen Geschäftspartner der Unternehmen wie z.B. Kreditinstitute, Versicherungsunternehmen und andere Dienstleistungsunternehmen. Ausschließlich zum Zwecke der Authentizität werden die Namen real existierender Unternehmen und z.B. im Fall von Kreditinstituten auch deren IBANs und BICs verwendet.

Die in diesem Werk aufgeführten Internetadressen sind auf dem Stand zum Zeitpunkt der Drucklegung. Die ständige Aktualität der Adressen kann vonseiten des Verlages nicht gewährleistet werden. Darüber hinaus übernimmt der Verlag keine Verantwortung für die Inhalte dieser Seiten.

service@bv-1.de
www.bildungsverlag1.de

Bildungsverlag EINS GmbH
Ettore-Bugatti-Straße 6-14, 51149 Köln

ISBN 978-3-427-**01685**-4

westermann GRUPPE

Vorwort

Liebe Schülerinnen und Schüler,

zunächst möchte ich Ihnen einige Fragen beantworten, die sich rund um dieses Buch stellen:

Was versteht man unter Marketing?

Unter Marketing versteht man im engeren Sinne die Vermarktung der Produkte und Dienstleistungen eines Unternehmens. Im weiteren Sinne versteht man darunter die markt- bzw. kundenorientierte Unternehmensführung. Ich selbst habe im Marketing der chemischen Industrie gearbeitet und weiß zu berichten, dass es sich um ein spannendes und vielseitiges Arbeitsgebiet handelt: Da ist die Produktentwicklung für kreative Querdenker, die Marktforschung und die Werbung für Freunde der Psychologie, die Preisfindung und das Marketingcontrolling für kühle Rechner und das strategische Marketing für pfiffige Strategen.

Was bringt mir dieses Buch?

Nach erfolgreicher Erarbeitung dieses Buches

- sind Sie in der Lage, in der Marketingabteilung eines realen Betriebs mitzuarbeiten,
- sind Sie auf typische Aufgabenstellungen in Klausuren und Prüfungen vorbereitet,
- können Sie einschätzen, ob Ihnen die Arbeit im Marketing Spaß macht.

Wie arbeite ich mit diesem Buch?

- Schauen Sie zu Stundenbeginn bitte stets in das **Inhaltsverzeichnis**. Es hilft Ihnen, sich zu orientieren, Zusammenhänge zu verstehen und die Übersicht über das Ganze zu behalten.
- Lesen Sie die **Infotexte** (blau hinterlegt) bitte sorgfältig durch, bevor Sie mit der Arbeit beginnen, damit Sie über das erforderliche Fachwissen verfügen. Sofern Sie Begriffe suchen, nutzen Sie bitte auch das **Glossar** und das **Sachwortverzeichnis** am Ende des Buches.
- Am Ende jedes Kapitels finden Sie im grünen Abschnitt **Kompaktwissen** Begriffsübersichten und Formelsammlungen. Diese helfen Ihnen bei der Vorbereitung von Klausuren und Prüfungen.
- Irren ist menschlich. Deshalb verwenden Sie bitte für die Arbeit mit diesem Buch einen **weichen Bleistift** (wir empfehlen einen Druckbleistift mit 0,7 B-Mine) und ein **Radiergummi**. So können Sie Fehler schnell und sauber korrigieren und behalten immer die Übersicht.
- Nutzen Sie bitte auch die **Download-Dateien**, die auf der Internetseite des Bildungsverlag EINS unter BuchPlusWeb hinterlegt sind. Zugangshinweise finden Sie ganz vorn im Buch.
- Prüfen Sie Ihre persönlichen Lernfortschritte mit der **Kann-Liste** (Seite 127).

Welche Vorkenntnisse benötige ich?

Sie benötigen keine fachlichen Vorkenntnisse. Jedoch müssen Sie, wie auch später in der Praxis, die Dreisatz- und Prozentrechnung beherrschen. Bei Bedarf finden Sie dazu viele Übungen im Internet.

Kann ich dem Autor ein Feedback geben?

Als Autor freue ich mich immer über Ihr Feedback und Ihre Verbesserungsvorschläge, welche Sie mir jederzeit über den Verlag zukommen lassen können. Die Kontaktdaten des Verlages finden Sie auf Seite 2 im Impressum.

Welche Titel gibt es noch in dieser Reihe?

Weitere Titel aus der Reihe „Ökonomische Kompetenz" vom Bildungsverlag EINS:

- **Kosten- und Leistungsrechnung:** Kostenartenrechnung, Kostenstellenrechnung, Kostenträgerrechnung als Vollkostenrechnung, Kostenträgerrechnung als Teilkostenrechnung (Deckungsbeitragsrechnung), Prozesskostenrechnung, Plankostenrechnung.
  Autoren: Beiderwieden, Wagner

- **Investition und Finanzierung:** Investitionsrechnung, Finanzplanung, Innenfinanzierung, Beteiligungsfinanzierung, Kreditfinanzierung, Finanzcontrolling.
  Autoren: Beiderwieden, Wagner
- **Personalwirtschaft:** Duales System der Berufsausbildung, Personalplanung, Personalbeschaffung, Personaleinstellung, Personalentlohnung, Personalentwicklung, Personalführung, Personalfreistellung.
  Autoren: Beiderwieden, Stickdorn
- **Beschaffung:** Bedarfsermittlung, Beschaffungsprozess, Kaufvertrag, Erfüllungsstörungen, Beschaffungscontrolling, strategische Beschaffung.
  Autoren: Beiderwieden, Wagner
- **Schlüsselkompetenzen:** Lerntechniken, Präsentationstechniken, Teammanagement, Projektmanagement, Facharbeiten (wissenschaftliches Arbeiten), Business-Knigge.
  Autor: Beiderwieden

Alle Titel enthalten eine Kann-Liste zur Kontrolle des individuellen Lernfortschritts. Außerdem gibt es für jeden Titel digitale Materialien für den Unterricht am Computer. Über aktuelle Titel können Sie sich auf der Homepage des Bildungsverlag EINS unter https://verlage.westermanngruppe.de/bildungsverlag-eins/ informieren.

Danke schön!

Abschließend möchte ich mich bei allen Personen bedanken, die mich bei der Entwicklung dieses Buches über viele Jahre unterstützt haben. Mein Dank gilt insbesondere den Experten aus der Industrie, Udo Klüwer, Detlef und Ralf Hanisch für ihre wertvollen Praxishinweise, meinen Kolleginnen und Kollegen für die Tests im Unterricht und ihr Feedback sowie dem Team vom Bildungsverlag EINS für die geduldige und konstruktive Zusammenarbeit.

Arndt Beiderwieden

Inhaltsverzeichnis

▬▬ A Einführung

Erkunden der Careli GmbH

Das Unternehmen Careli GmbH ist ein mittelständischer Hersteller hochwertiger und einzigartiger Taschen mit Sitz in Bremen. Das Unternehmen hat seit jeher das Image, das es in Fragen der Produktgestaltung seine eigenen Wege geht: Alle Produkte sind bis in jedes Detail durchdacht und überraschen die Kunden immer wieder mit einzigartigen praktischen Lösungen, welche allen Alltagsanforderungen gerecht werden. Ein originelles Produktdesign ist dabei selbstverständlich. Die Einzigartigkeit seiner Ideen bringt das Unternehmen in folgendem Slogan in jeder Werbekampagne zum Ausdruck:

Careli – Wir können auch anders!

Zielgruppe sind Individualisten, welche sich nicht mit gewöhnlichen „08/15-Produkten" zufrieden geben wollen und bereit sind, überdurchschnittlich hohe Preise zu bezahlen. Die Preise liegen deutlich über dem Durchschnitt, nicht zuletzt aufgrund der hohen Kosten des Unternehmens: Careli beschäftigt ausschließlich hoch qualifizierte Fachkräfte und betreibt einen modernen Maschinenpark. Produziert wird ausschließlich in Deutschland.

Unternehmensgründer Peter Careli

Geschichte des Unternehmens

1968   Der Designer und Querdenker Peter Careli gestaltet erfolgreich neuartige Handtaschen für eine Modemesse in Köln.

1975   Careli erwirbt eine Produktionsanlage, gründet die Careli GmbH und bietet nun auch Akten- und Reisetaschen an.

1977   Die Careli GmbH nimmt Outdoor-Rucksäcke in ihr Produktprogramm auf.

1995   Die Careli GmbH stellt den einhundertsten Mitarbeiter ein.

2002   Die Careli GmbH errichtet eine neue Produktionshalle in Bremen Sebaldsbrück.

Vision und Unternehmensziele der Careli GmbH

Vision: Careli-Taschen stehen in ganz Europa für einzigartig durchdachte, hochqualitative Taschenprodukte.

Leitbild:
- Der Kunde und seine Bedürfnisse stehen im Mittelpunkt unserer Arbeit.
- Wir stehen für beste Lösungen, Qualität und langlebige Produkte.
- Wir tun alles, um Arbeitsplätze in Bremen zu erhalten.
- Wir gehen respektvoll miteinander und mit allen Außenstehenden um.

Steckbrief Careli GmbH	
Jahresumsatz	76,2 Mio. €
Absatzregionen	Deutschland, Frankreich, Spanien
Mitarbeiter/innen	174
Rechtsform	GmbH
Sitz	Bremen Findorff
HR-Eintrag	HRB 3780
Web	www.careli.de
E-Mail	info@careli.de

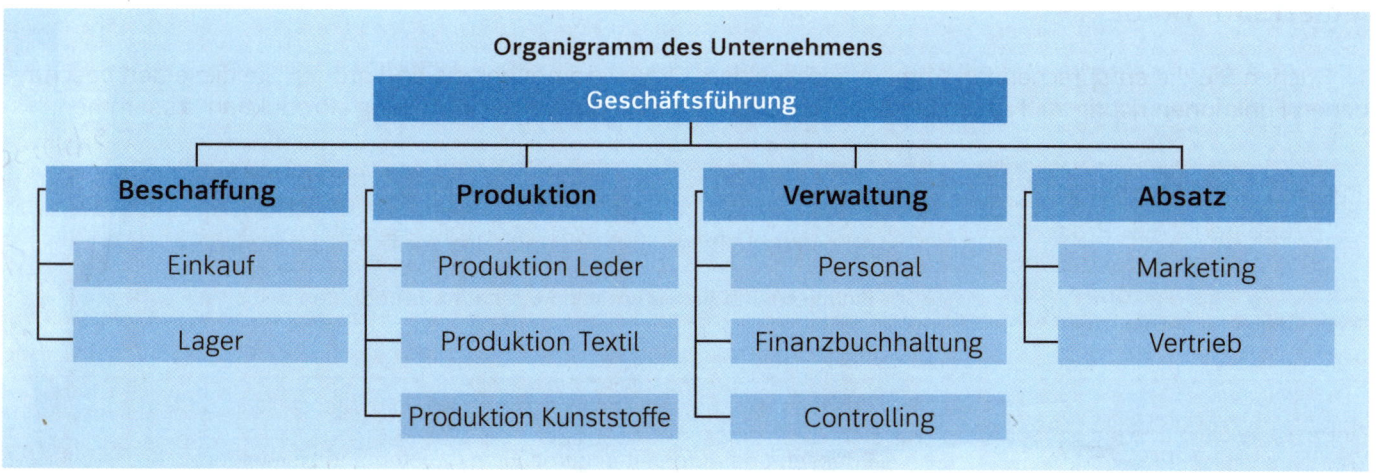

Artikelliste Careli GmbH

Artikel-Nr.	Produkt	Bezeichnung	Produktmerkmale	Preis (€)
Produktgruppe 1: „business"				
1-001	Aktentasche	Excellence	Kunstfaser, schwarz	149,00
1-002	Aktentasche	Comfort	Kunstfaser, grau	149,00
1-003	Aktentasche	Broker	Kunstfaser, braun	149,00
1-004	Aktentasche	Trade	Leder, grün	169,00
1-005	Aktentasche	Consult	Leder, schwarz	169,00
1-006	Aktentasche	Oversea	Leder, braun	169,00
Produktgruppe 2: „traveller"				
2-001	Reisetasche	Berlin	Kunstfaser, schwarz	119,00
2-002	Reisetasche	München	Kunstfaser, blau	119,00
2-003	Reisetasche	Köln	Textil, schwarz	129,00
2-004	Reisetasche	Bremen	Textil, beige	129,00
2-005	Reisetasche	London	Textil, blau	159,00
2-006	Reisetasche	Madrid	Textil, grün	159,00
Produktgruppe 3: „female"				
3-001	Handtasche	Monique	Leder, braun	159,00
3-002	Handtasche	Madeleine	Leder, beige	159,00
3-003	Handtasche	Chantal	Leder, rot	159,00
3-004	Handtasche	Elena	Textil, braun	129,00
3-005	Handtasche	Viva	Textil, beige	129,00
3-006	Handtasche	Elle	Textil, rot	129,00
Produktgruppe 4: „outdoor"				
4-001	Rucksack	Nordwind	Kunstfaser, schwarz	149,00
4-002	Rucksack	Sahara	Kunstfaser, beige	149,00
4-003	Rucksack	Explorer	Kunstfaser, grün	149,00

ARBEITSAUFTRÄGE

1. Suchen Sie die entsprechenden Abteilungen aus dem Organigramm heraus und ordnen Sie diese den beschriebenen Funktionen richtig zu. Fassen Sie dabei die drei Teilproduktionen zur Abteilung „Produktion" zusammen.

Abteilung	Funktion
	Aufbau und Pflege der Kundenkontakte sowie Verkauf vor Ort
	Einlagern und Ausliefern von Material und Produkten
	Herstellung von Halbfertig- und Fertigteilen
	Erfassen aller betrieblichen Vorgänge und Vermögensteile in Zahlen
	Erfassen und Aufbereiten betrieblicher Kosten und Leistungen
	Langfristige Planung und Vermarktung des Produktprogramms
	Beschaffung, Verwaltung, Förderung und Freistellung der Mitarbeiter/-innen
	Beschaffung von Roh-, Hilfs- und Betriebsstoffen
	Leitung und Koordination aller Aktivitäten

2. Kreuzen Sie die zuständige Abteilung an:

Nr.	Prozess	Abteilung							
		EK	La	Pr	Pe	FIBU	Co	Ma	Ve
1	Analysieren von Bewerbungsunterlagen								
2	Planen einer Kundenbefragung								
3	Analysieren der betrieblichen Kosten								
4	Erstellen der Bilanz								
5	Optimieren der Maschinenlaufzeiten								
6	Vergleichen von Lieferantenangeboten								
7	Durchführen von Soll-Ist-Vergleichen								
8	Kommissionieren der Ware (versandfertig machen)								
9	Beraten der Kunden								
10	Umsetzen einer Werbekampagne								
11	Erstellen von Gehaltsabrechnungen								
12	Buchen von Ein- und Ausgangsrechnungen								
13	Ermitteln neuer Bezugsquellen								
14	Festlegen der Vertriebswege								
15	Führen von Verkaufsgesprächen								
16	Umrüsten von Maschinen								
17	Be- und Entladen der LKW								
18	Entwickeln von Preisstrategien								

EK = Einkauf   La = Lager   Pr = Produktion   Pe = Personal   FIBU = Finanzbuchhaltung   Co = Controlling   Ma = Marketing   Ve = Vertrieb

Entwickeln einer Marketing-Landkarte

ARBEITSAUFTRAG

Tragen Sie die kursiv gedruckten Fachbegriffe aus dem nachfolgenden Interview mit dem Leiter der Marketing-abteilung, Dr. Hanisch, in das Schema ein.

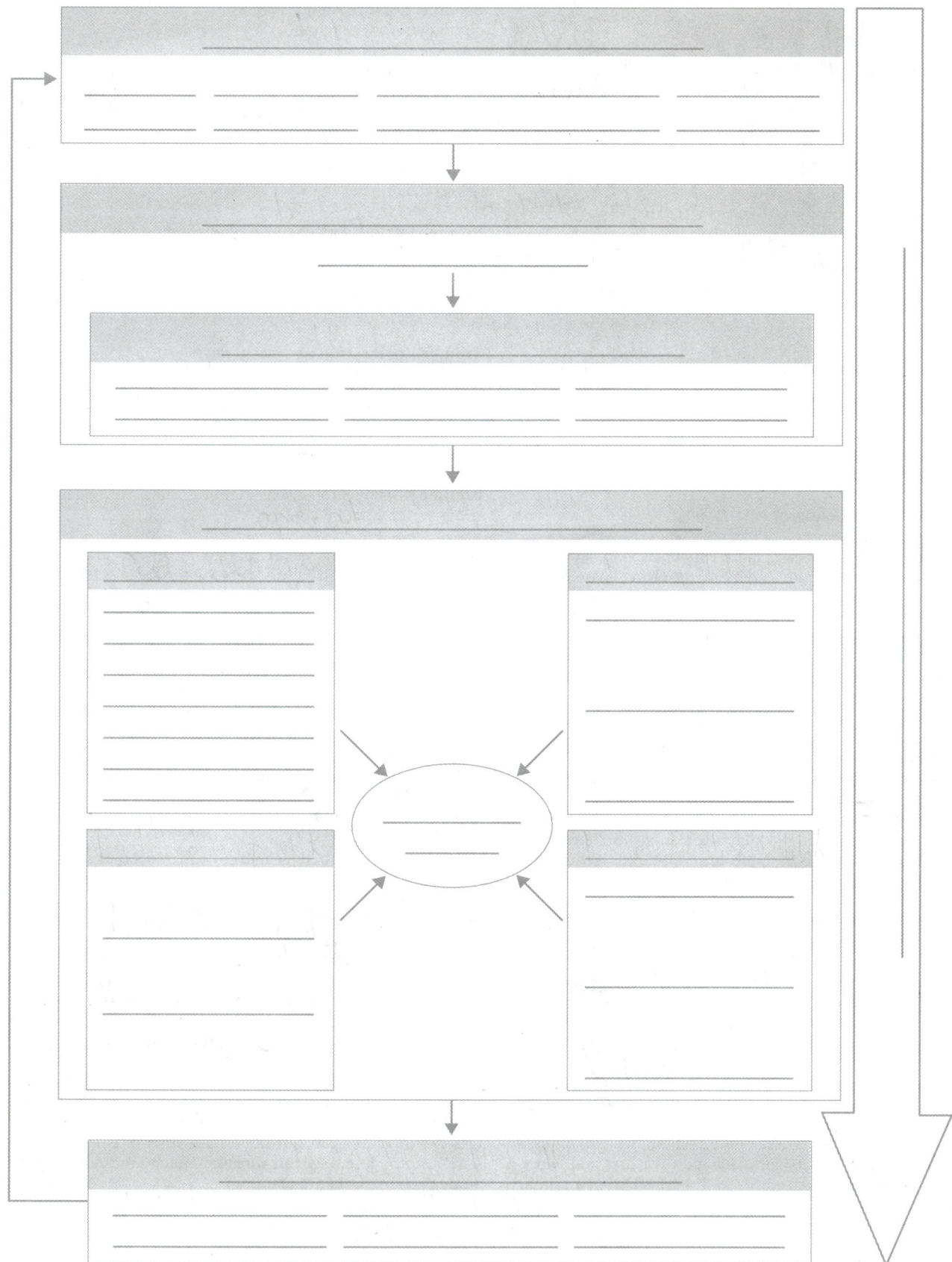

„Wirtschaft Spezial" im Bremer Kurier

Heute: Interview mit dem Leiter der Marketingabteilung Dr. Hanisch

Dr. Hanisch ist seit 1995 Leiter der Abteilung Marketing des mittelständischen Taschenherstellers Careli GmbH in Bremen.

Bremer Kurier: Herr Dr. Hanisch, diese Woche wollen wir im Wirtschaftsteil unseren Lesern aus der Region das Thema „Marketing" am Beispiel Ihres Unternehmens näher bringen. Ist Marketing dasselbe wie Werbung?

Dr. Hanisch: Nein, das ist ein Gerücht, das sich sehr hartnäckig hält, aber nicht stimmt.

Bremer Kurier: Sondern?

Dr. Hanisch: Wenn Sie es ganz einfach wollen, so ist Marketing eine konsequente Kundenorientierung – von der Produktentwicklung bis hin zum Kundenservice nach erfolgreichem Verkauf. Im Mittelpunkt jeder Marketingentscheidung steht immer der Kunde mit seinen Bedürfnissen.

Bremer Kurier: Sie sagten Produktentwicklung. Ich dachte immer, Marketing bezieht sich nur auf die Vermarktung der fertigen Produkte?

Dr. Hanisch: Früher war das so. In Zeiten der Verkäufermärkte hat der Betrieb einfach auf Lager produziert und der Vertrieb musste die Produkte unter die Leute bringen. Modernes Marketing in Zeiten von Käufermärkten sieht anders aus: Da werden schon vor der Produktentwicklung Kundenwünsche und Trends systematisch durch unsere Marktforschung analysiert.

Bremer Kurier: Also kann man Marktforschung als ersten Schritt des Marketings bezeichnen?

Dr. Hanisch: Nein, das kann man so nicht sagen, weil die Marktforschung das gesamte Marketing begleitet und alle wichtigen Marketingentscheidungen mit ihren Forschungsergebnissen unterstützt.

Bremer Kurier: Gibt es denn überhaupt so etwas wie einen ersten Schritt, also eine Reihenfolge?

Dr. Hanisch: Ja, wir müssen eine Reihenfolge einhalten: Zu Beginn eines Geschäftsjahres schauen wir erst mal, wo wir überhaupt stehen. Dazu gibt es strategische Analysen, nämlich die SWOT-Analyse, die Marktgrößenanalyse, die Produktlebenszyklusanalyse und die Portfolioanalyse.

Bremer Kurier: Klingt sehr kompliziert. Was meinen Sie denn mit „Wo wir stehen?"

Dr. Hanisch: Na, welche Stärken und Schwächen wir im Wettbewerb haben, wie sich unsere Umsätze in den einzelnen Märkten entwickeln, wie groß unsere Marktanteile sind und so weiter. Schauen Sie, wenn wir nicht wissen, wo wir stehen, können wir ja auch nicht wissen, wo wir hin wollen. Wir müssen unsere Situation genau kennen, um uns realistische Marketingziele setzen zu können.

Bremer Kurier: Verstehe. Wie sehen denn solche Marketingziele aus?

Dr. Hanisch: Das sind typischerweise Umsatzziele, Marktanteilsziele aber beispielsweise auch Imageziele.

Bremer Kurier: Und wer macht das?

Dr. Hanisch: Dafür ist unsere strategische Marketingplanung zuständig. Das Formulieren von Marketingzielen und die Entwicklung zugehöriger Marketingstrategien sind die Hauptaufgaben der strategischen Marketingplanung.

Bremer Kurier: Strategische Planung, Ziele, Strategien – das klingt ja richtig militärisch.

Dr. Hanisch: Stimmt. Viele Grundgedanken des strategischen Marketings kommen ja aus den Militärwissenschaften, vor allem aus den USA.

Bremer Kurier: Was versteht man denn unter einer „Strategie"?

Dr. Hanisch: Da streiten sich die Gelehrten. Wir verstehen unter einer Strategie immer einen langfristig angelegten Plan, um ein Ziel zu erreichen, also den Weg zum Ziel. Mit einer Strategie wird die langfristige Grundausrichtung des Unternehmens festgelegt. Eine Marketingstrategie beantwortet im Kern die Frage: „Mit welchem Produkt mit welchem Alleinstellungsmerkmal wollen wir in welche Märkte?"

Bremer Kurier: Haben Sie mal ein konkretes Beispiel?

Dr. Hanisch: Nehmen Sie zum Beispiel die Wachstumsstrategien: Jedes Unternehmen muss sich fragen, ob es mit seinen bisherigen oder mit neuen Produkten in seinen bisherigen oder in neuen Märkten auftreten will, um zu wachsen. Und es muss auch entscheiden, ob es einen Massenmarkt pauschal bedient oder diesen lieber in Teilmärkte mit unterschiedlichen Kundenbedürfnissen zerlegt und attraktive Teilmärkte für sich herauspickt. Letzteres nennt man Segmentierungsstrategien. Und ganz wichtig: Sie müssen den Kunden ein „Alleinstellungsmerkmal", also einen einzigartigen Verkaufsvorteil, vor Augen führen, damit Sie im unübersichtlichen Wettbewerb als etwas Besonderes wahrgenommen werden. Das nennt man „sich positionieren". Also müssen Sie eine Positionierungsstrategie entwickeln – auch eine Aufgabe der strategischen Marketingplanung.

Bremer Kurier: Und wie sieht strategische Marketingplanung in der Praxis aus?

Dr. Hanisch: Wir machen das immer zu Beginn eines Geschäftsjahres in Form eines einwöchigen strategischen Workshops in einem Tagungshaus an der Ostsee, mit Blick auf's Meer und Fischsuppe.

Bremer Kurier: Verstehe. Und dann?

Dr. Hanisch: Dann setzt das *operative Marketing* diese Strategien im laufenden Tagesgeschäft in die Tat um. Dazu stehen zahlreiche Marketinginstrumente zur Verfügung, die man in die Bereiche *Produktpolitik, Preispolitik, Distributionspolitik* und *Kommunikationspolitik* einteilt. Im Englischen spricht man von den „four p's: product, price, place und promotion", was man sich so vielleicht besser merken kann. Es sind gewissermaßen die Werkzeugkästen des Marketingmanagers.

Bremer Kurier: Werkzeugkästen? Sind denn da Werkzeuge drin?

Dr. Hanisch: Ganz genau. Ich mach's kurz: In der Produktpolitik wird entschieden, ob und welche Produkte neu entwickelt, abgeändert, um neue Produkte ergänzt oder vom Markt genommen werden sollen. Die entsprechenden Fachbegriffe sind *Produktinnovation, Produktvariation, Produktdifferenzierung* und *Produktelimination.* In der Produktpolitik wird auch über die *Markierung* und das *Verpackungsdesign* eines Produkts sowie über *Service und Wartung* entschieden. In der Preispolitik steht dann die *Preisbestimmung* im Mittelpunkt. Außerdem müssen hier *Preisstrategien* und *Konditionen* festgelegt werden. In der Distributionspolitik geht es um Entscheidungen zur *Logistik* und *Auswahl der Absatzkanäle.*

Bremer Kurier: Logistik und Absatzkanäle?

Dr. Hanisch: Logistik betrifft alle Entscheidungen zu Lagerung und Transport der Ware. Die Auswahl der Absatzkanäle beantwortet dagegen die Frage, über welche Absatzorgane das Produkt vom Hersteller zum Kunden gelangen soll. Wir können zum Beispiel die Produkte über eigene Verkaufsfilialen an den Kunden verkaufen oder bestimmte Handelsketten einschalten.

Bremer Kurier: Und die Kommunikationspolitik ist dann endlich die Werbung, oder?

Dr. Hanisch: Nicht nur: Die *Werbung* ist sicher die Hauptaufgabe der Kommunikationspolitik. Aber daneben gibt es noch die *PR*, steht für „Public Relations", also die *Öffentlichkeitsarbeit,* die für das Unternehmensimage zuständig ist und diverse Maßnahmen der *Verkaufsförderung* vor Ort wie zum Beispiel die Schulung von Einzelhändlern.

Bremer Kurier: Puh, da sind ja ganz schön viele Dinge zu entscheiden. Besteht da nicht die Gefahr, dass das alles drunter und drüber geht und die vielen einzelnen Entscheidungen nicht zueinander passen? Nicht, dass Sie nachher Ihre hochpreisigen Qualitätstaschen in Billigmärkten anbieten.

Dr. Hanisch: Absolut korrekt, das muss alles aufeinander abgestimmt sein. Diese abgestimmte Kombination von Marketinginstrumenten nennt man übrigens „*Marketing-Mix*".

Bremer Kurier: Gibt es eigentlich so etwas wie eine „Endkontrolle"?

Dr. Hanisch: Ja, die gibt es: Unser *Marketing-Controlling* führt spätestens am Ende des Geschäftsjahres diverse *Erfolgskontrollen* in Form von Soll-Ist-Vergleichen durch. Im Vordergrund stehen bei Careli die Kontrolle des *Betriebserfolgs*, des *Werbeerfolgs* und der *Deckungsbeiträge*. Die Ist-Werte liegen in der nächsten Periode wieder den Situationsanalysen zugrunde.

Bremer Kurier: Nun noch eine letzte Frage: Welches Produkt werden Sie als nächstes auf den Markt bringen?

Dr. Hanisch: Wir führen nächste Woche erst in Hohwacht an der Ostsee unseren Strategieworkshop durch. Dort legen wir dann die Linie für das neue Geschäftsjahr fest. Ich kann Ihnen daher jetzt noch nichts darüber sagen.

Bremer Kurier: Herr Dr. Hanisch, ich danke Ihnen für das Interview.

Das Interview führte Doris Liedtke.

Abgrenzen: strategisches und operatives Marketing

ARBEITSAUFTRAG

Ordnen Sie die nachfolgenden Marketingentscheidungen durch Ankreuzen zu:

Marketingentscheidung	Strategische Marketing	Operatives Marketing			
Die Marketingabteilung der Careli GmbH entscheidet,		Produktpolitik	Preispolitik	Distributionspolitik	Kommunikatonspolitik
1) den Absatz durch gestaffelte Mengenrabatte zu steigern,					
2) einen Jahresumsatz in Höhe von 82,5 Mio. € erreichen zu wollen,					
3) umweltfreundliche Verpackungen einzuführen,					
4) eine Großhandelskette mit Sitz in Süddeutschland zu beliefern,					
5) einen neuartigen Webshop für Großhändler (B2B) aufzubauen,					
6) eine Anzeigenkampagne zur Bewerbung einer neuen Produktlinie zu starten,					
7) sich auf ausgewählte Marktsegmente zu konzentrieren,					
8) bei Zahlung innerhalb von 10 Tagen 2 % Skonto zu gewähren,					
9) in einem Marktsegment die Marktführerschaft anzustreben,					
10) die Produkte 20 % teurer als die Wettbewerber anzubieten,					
11) ein Preisausschreiben für Endverbraucher durchzuführen,					
12) einige Produkte über einen Handelsvertreter zu vertreiben,					
13) sich im Wettbewerb neu zu positionieren,					
14) den Service zu verbessern,					
15) Produktschulungen für ausgewählte Einzelhändler anzubieten,					
16) einen TV-Spot in Auftrag zu geben,					
17) in Zukunft in internationalen Märkten aufzutreten,					
18) die Form der Handtasche abzuändern.					

B Strategische Analysen

Praxisfall „Careli GmbH"

Von:	Norbert Winkler <winkler@careli.de>
Betreff:	Außendienstberichte
Datum:	21. Dezember 20.. 09:16:42 MESZ
An:	Dr. Hanisch<hanisch@careli.de>

Hallo Herr Dr. Hanisch,

anbei die Zusammenfassung der Außendienstberichte für unseren strategischen Workshop:

Marktanalyse und -prognose					
Marktsegment	**Careli Produktgruppe**	**Marktvolumen Vorjahr (Mio. €)**	**Marktausschöpfungsgrad Vorjahr (%)**	**Umsatzstärkster Konkurrent Vorjahr (Mio. €)**	**Erwartetes Marktvolumen Geschäftsjahr (Mio. €)**
Businesstaschen	business	120	88 %	19,6	130
Reisetaschen	traveller	195	85 %	22,7	210
Handtaschen	female	290	75 %	18,9	337
Rucksäcke	outdoor	255	90 %	76,0	265

Vorjahresumsätze Careli GmbH (Mio. €)				
Produktgruppe	**Vorjahr −3**	**Vorjahr −2**	**Vorjahr −1**	**Vorjahr**
business	11,5	11,7	11,8	11,8
traveller	26,2	26,4	26,5	26,4
female	23,3	26,2	28,5	30,0
outdoor	15,5	14,0	12,0	8,0
Summen	**76,5**	**78,3**	**78,8**	**76,2**

Die Außendienstmitarbeiter weisen darauf hin, dass immer mehr asiatische Hersteller mit preiswerten Taschen auf den Markt drängen – gleichzeitig wächst der Taschenmarkt langsamer. Unser Vertrieb führt das auf die Konjunktur zurück. Viele Kunden halten sich derzeit mit ihrer Kaufentscheidung zurück. Allerdings gibt es bei Jugendlichen einen zunehmenden Trend zu Lifestyleprodukten: Jugendliche seien zunehmend bereit, mehr Geld für gute Markenprodukte auszugeben.

Der Handel und die Kunden sind mit unseren Produkten insgesamt sehr zufrieden. Jedoch kritisieren immer mehr Einzelhändler, dass unser Produktprogramm zu schmal sei: Wir müssten mehr Marktsegmente bedienen, damit der Handel ein vollständiges Sortiment anbieten könne. Dabei gibt es auch noch einige Vertriebslücken, unser Vertriebsnetz ist dünner als das unserer Wettbewerber.

Übrigens liegen nun auch die Ergebnisse unserer Oktoberbefragung vor. Danach haben wir wohl ein Imageproblem, denn 44 % der potenziellen Käufer konnten nicht sagen, wofür „Careli" steht.
Gruß, Winkler

PS: Herr Müller teilte mir eben mit, dass die Produktion über 26 % Freikapazitäten verfügt.

1 Analysieren von Stärken, Schwächen, Chancen und Risiken (SWOT-Analyse)

Um die Stärken und Schwächen der Careli GmbH sowie die Chancen und Risiken für das Unternehmen zu erfassen, soll zunächst eine SWOT-Analyse durchgeführt werden.

ARBEITSAUFTRAG

Erstellen Sie mithilfe des Unternehmensporträts von Careli (Seite 8 f.), den Ihnen vorliegenden Informationen des Außendienstes und der Produktion (Seite 15) und des nachfolgenden Infotextes eine SWOT-Analyse für die Careli GmbH und leiten Sie strategische Empfehlungen für das Unternehmen ab.

1. Interne Analyse

Stärken	Schwächen

2. Externe Analyse

Chancen	Risiken

3. Strategische Empfehlungen

Infotext: SWOT-Analyse

Die SWOT-Analyse ist ein Instrument zur Gegenüberstellung innerbetrieblicher Stärken („Strengths") und Schwächen („Weaknesses") einerseits sowie externer Chancen („Opportunities") und Risiken („Threats") andererseits. Die *innerbetrieblichen* Stärken und Schwächen sind durch das Management beeinflussbar, die *externen* Chancen und Risiken hingegen nicht. Ziel der SWOT-Analyse ist es, begründete strategische Empfehlungen herzuleiten. Die SWOT-Analyse durchläuft dazu drei Schritte:

Schritt 1: Interne Analyse: Leistungsfähigkeit des Unternehmens

Erfassen und Gewichten <u>eigener Stärken und Schwächen</u> wie zum Beispiel:

Personal

- Führungsstil
- Motivation
- Qualifikation
- Personalressourcen

Produktion

- Qualität der Produktionsanlagen
- Produktionskapazität
- Produktionskosten
- Flexibilität

Marketing/Vertrieb

- Vertriebswege
- Werbung/Öffentlichkeitsarbeit
- Image
- Bekanntheitsgrad

Schritt 2: Externe Analyse: Entwicklung der Umwelt

Erfassen und Gewichten <u>externer Chancen und Risiken</u> wie zum Beispiel:

Wirtschaft

- Kaufkraftentwicklung der potenziellen Kunden
- Internationaler Wettbewerb (Globalisierung)
- staatliche Investitionsanreize für Unternehmer

Demografische und sozial-psychologische Entwicklungstendenzen

- Demografische Entwicklung
- Trend zur natürlichen und kritischen Lebensweise
- Multikulturelle Entwicklung in Europa

Technologie

- Kürzere Produktentwicklungszeiten
- Zunehmende Ressourcenverknappung
- Neue Verfahren und Ressourcen

Ökologie

- Verschärfte Umweltschutzbestimmungen
- Entsorgung/Recycling
- Trend zur Abfallvermeidung

Schritt 3: Ableiten von Strategien

Werden die Stärken und Schwächen mit den Chancen und Risiken kombiniert, lassen sich theoretisch vier Arten von Strategien für das Unternehmen ableiten[1]:

	Chancen (Opportunities)	Risiken (Threats)
Stärken (Strengths)	S-O-Strategien: Stärken einsetzen, um Chancen zu nutzen	S-T-Strategien: Stärken einsetzen, um Risiken zu bewältigen
Schwächen (Weaknesses)	W-O-Strategien: Schwächen abbauen, um Chancen nutzen zu können	W-T-Strategien: Bedrohungen gegenüber eigenen Schwächen abwehren

---

1 In der Praxis jedoch wird diese strenge Trennung häufig nicht konsequent vorgenommen.

2 Analysieren von Marktgrößen

Nun sollen für die strategische Planung der Careli GmbH auch wichtige quantitative Marktgrößen ermittelt werden.

ARBEITSAUFTRÄGE

1. Vervollständigen Sie die Tabelle mithilfe der Außendienstinformationen (Seite 15) und des nachfolgenden Infotextes. Erläutern Sie Ihre Ergebnisse anschließend Ihren Mitschülern.

Marktgrößen Vorjahr					
Marktsegment	Marktvolumen (Mio. €)	Marktanteil (%)			Marktpotenzial (Mio. €)
		Careli	stärkster Wettbewerber	restliche Anbieter	

2. Stellen Sie die Marktanteile von Careli, dem jeweils stärksten Wettbewerber und den restlichen Anbietern in den einzelnen Marktsegmenten in Kreisdiagrammen dar und erläutern Sie Ihre Ergebnisse.

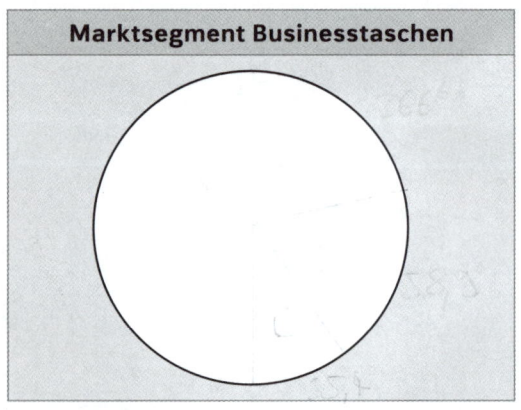

Marktsegment Businesstaschen

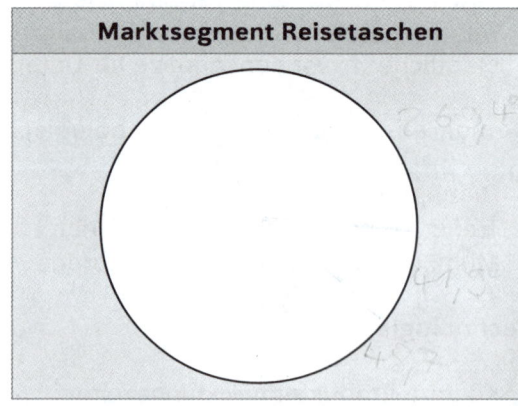

Marktsegment Reisetaschen

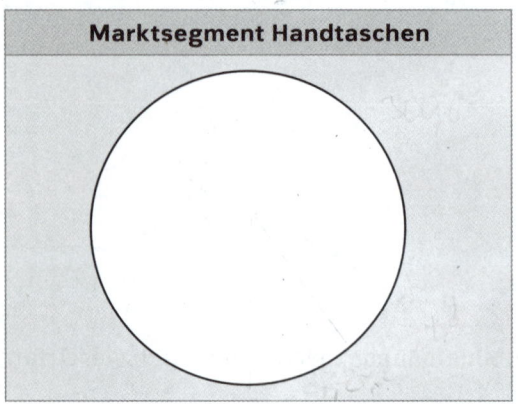

Marktsegment Handtaschen

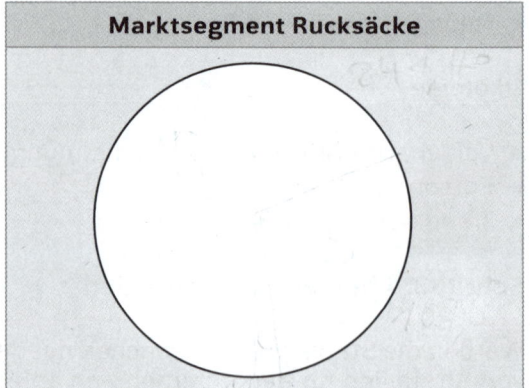

Marktsegment Rucksäcke

Erläuterung:

_____

_____

_____

Infotext: Markt und Marktgrößen

Marktbegriff

Definition: Ein Markt besteht aus einer Menge aktueller und potenzieller Nachfrager bestimmter Leistungen sowie der aktuellen und potenziellen Anbieter dieser Leistungen und den Beziehungen zwischen Nachfragern und Anbietern.[1]

Jeder Markt ist vom Marketingmanagement sachlich, räumlich und zeitlich eindeutig von anderen Märkten abzugrenzen. Abhängig davon, ob ein, mehrere oder viele Anbieter am Markt auftreten, spricht man von einem „Angebotsmonopol", einem „Angebotsoligopol" oder einem „Angebotspolypol". Dabei sind folgende Marktgrößen zu unterscheiden:

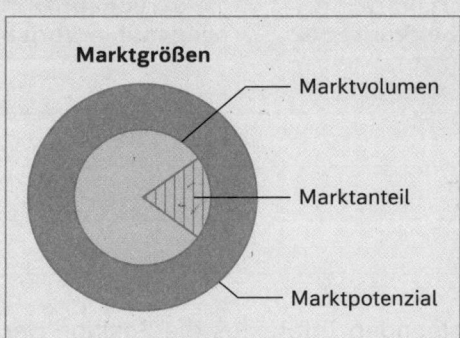

Marktvolumen

Das Marktvolumen ist der tatsächlich realisierte Gesamtumsatz (€) bzw. Gesamtabsatz (Stück) aller Unternehmen auf dem betrachteten Markt. Üblich ist die Angabe Umsatz pro Jahr.

Beispiel: Das Marktvolumen für Schuhe in Deutschland im Jahr 20.. beträgt 12 Mrd. €.

Marktanteil

Der Marktanteil drückt aus, welchen Umsatz (bzw. Absatz) das betrachtete Unternehmen im Verhältnis zum gesamten Marktvolumen erreicht.

$$\text{Marktanteil} = \frac{\text{Umsatz des betrachteten Unternehmens} \cdot 100}{\text{Marktvolumen}}$$

Beispiel: Der Schuhhersteller Beispiel AG erwirtschaftet im Jahr 20.. in Deutschland mit einem Umsatz in Höhe von 720 Mio. € einen Marktanteil in Höhe von 6 %.

Marktpotenzial

Das Marktpotenzial drückt die größtmögliche Aufnahmefähigkeit eines Marktes aus, also den maximal möglichen Umsatz bzw. Absatz.

Beispiel: Das Marktpotenzial für Schuhe in Deutschland des Jahres 20.. beträgt 18 Mrd. €.

Marktausschöpfungsgrad

Der Marktausschöpfungsgrad gibt an, welchen Anteil das Marktvolumen am Marktpotenzial hat. Das Marktvolumen kann also so lange wachsen, bis das Marktpotenzial vollständig ausgeschöpft ist.

$$\text{Marktausschöpfungsgrad} = \frac{\text{Marktvolumen} \cdot 100}{\text{Marktpotenzial}}$$

Beispiel: Bei einem Marktvolumen von 12 Mrd. € und einem Marktpotenzial in Höhe von 18 Mrd. € im Jahre 20.. beträgt der Marktausschöpfungsgrad 66,67 %.

---

1 Meffert, H.; Burmann, C.; Kirchgeorg, M.: Marketing, 11. Auflage, Wiesbaden 2012, Seite 47

3 Analysieren von Produktlebenszyklen

ARBEITSAUFTRÄGE

1. Berechnen Sie mithilfe der Ihnen vorliegenden Außendienstinformationen (Seite 15) und des nachfolgenden Infotextes die Umsatzentwicklungen der einzelnen Careli-Produktgruppen.

Umsatzentwicklung der Produktgruppen (in %)			
Careli Produktgruppe	Vorjahr -3 gegenüber Vorjahr -2	Vorjahr -2 gegenüber Vorjahr -1	Vorjahr -1 gegenüber Vorjahr

2. Markieren Sie mithilfe des nachfolgenden Infotextes die Position der einzelnen Produktgruppen in ihrem Produktlebenszyklus im Vorjahr:

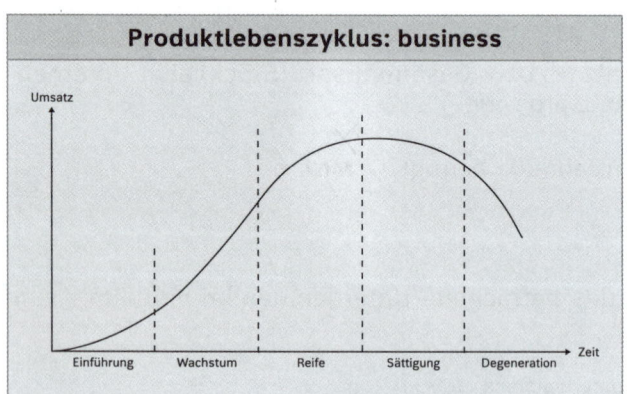

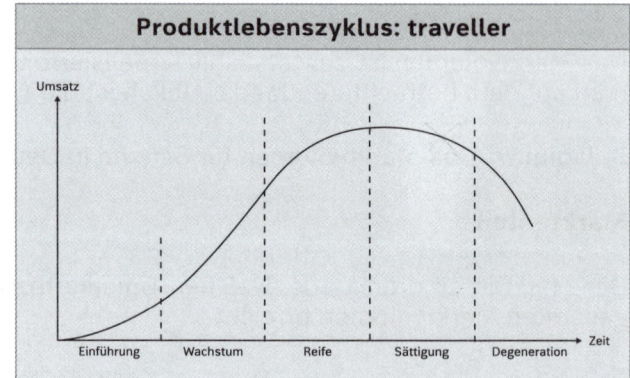

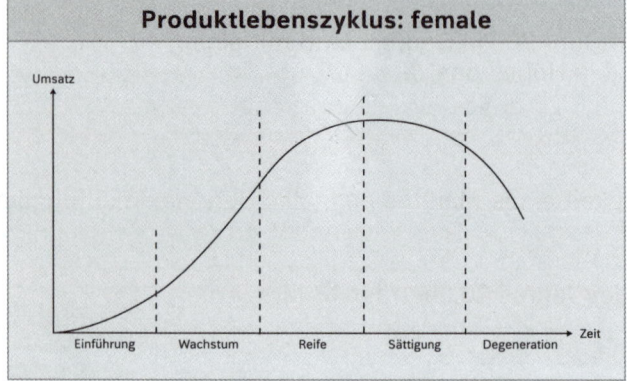

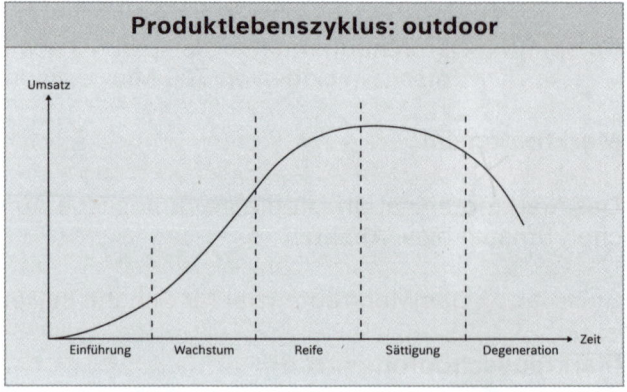

3. Leiten Sie mithilfe des nachfolgenden Infotextes strategische Empfehlungen für die Careli GmbH ab:

_____

_____

_____

_____

_____

Infotext: Produktlebenszyklus

Die Idee

Das Konzept des Produktlebenszyklus geht davon aus, dass jedes Produkt – ebenso wie jedes Lebewesen – einen Lebenszyklus durchläuft, der abhängig vom Produkt unterschiedlich lange dauert. Dieser sogenannte „Produktlebenszyklus", der sich auch auf Produktgruppen, Geschäftsfelder und sogar ganze Märkte beziehen kann, wird als Umsatzfunktion in Abhängigkeit von der Zeit dargestellt und in fünf Phasen[1] eingeteilt:

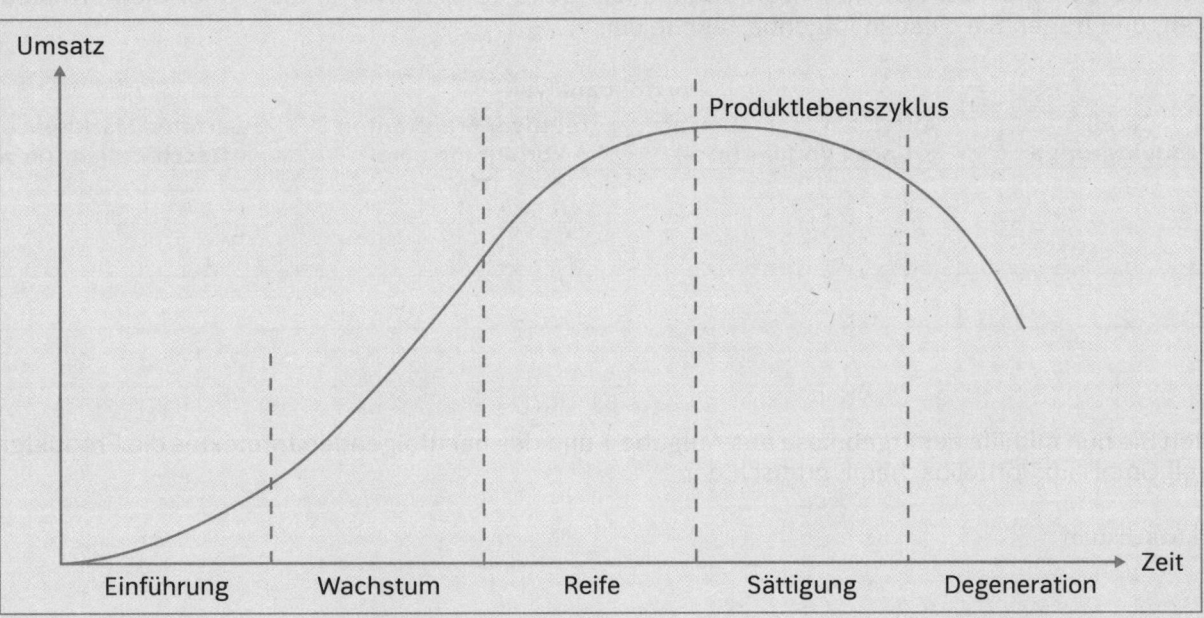

Die Phasen

- **Einführungsphase:** Die Produktentwicklung ist abgeschlossen und das Produkt wird am Markt neu eingeführt. Das Unternehmen versucht, Meinungsführer und Trendsetter zum Kauf des Produktes anzuregen, damit sich das Produkt erfolgreich ausbreitet. Wird das Produkt vom Markt nicht angenommen, spricht man von einem „Flop" (engl.: Misserfolg). Hat es jedoch Erfolg, nimmt der Umsatz – zunächst noch auf sehr geringem Niveau – stetig zu. Gleichzeitig sind die Kosten in dieser Phase sehr hoch. Das liegt einerseits an den erheblichen Werbungs- und Vertriebskosten und zum anderen an den i.d.R. noch hohen Stückkosten, die mit geringen Stückzahlen verbunden sind.

- **Wachstumsphase:** Das Produkt verbreitet sich am Markt und der Umsatz steigt mit *zunehmenden* Wachstumsraten. Immer mehr Käuferschichten werden auf das Produkt aufmerksam, u.a. durch sogenannte „Mundpropaganda", Testberichte, Fachzeitschriften. Gleichzeitig drängen die ersten Wettbewerber mit Nachahmungsprodukten auf den Markt. Die Vermarktungskosten sinken, der Umsatz nimmt rasch zu, wodurch sich die Ertragssituation deutlich verbessert.

- **Reifephase:** Der Umsatz des Produktes steigt immer noch, allerdings nur noch mit *abnehmenden* Wachstumsraten, das bedeutet, dass das Wachstum sich verlangsamt. Die Grenze zur Sättigungsphase verläuft dabei fließend. Immer mehr Wettbewerber drängen auf den Markt und der Kampf um Marktanteile nimmt zu, denn viele Anbieter können nur noch wachsen, wenn sie anderen Anbietern Marktanteile abnehmen. Noch kann das Unternehmen i.d.R. gute Gewinne abschöpfen.

- **Sättigungsphase:** Der Markt ist gesättigt, der Produktumsatz steigt kaum noch, stagniert oder beginnt bereits langsam zu sinken. Die Grenze zur Degenerationsphase verläuft dabei fließend. Die Sättigungsphase ist durch starken Kostenwettbewerb gekennzeichnet. I.d.R. werden noch Gewinne erzielt, jedoch werden die Gewinnmargen immer geringer.

- **Degenerationsphase:** Der Produktumsatz nimmt rasch ab, das Produkt „stirbt". Dieser Umsatzrückgang kann auf unterschiedliche Ursachen zurückzuführen sein, beispielsweise verdrängen technische Innovationen das bisherige Produkt (DVD ersetzt CD) oder der Geschmack bzw. Zeitgeist der Kunden ändert sich (Parfum). Das Marketing nimmt das Produkt bei einsetzenden Verlusten vom Markt („Produkteliminierung").

---

1 Alternativ: 4-Phasen-Schema, bei dem Reife- und Sättigungsphase als eine Phase zusammengefasst werden

4 Analysieren des Produktportfolios

Abschließend soll mithilfe der Portfolioanalyse ein Überblick über die Marktsituation der strategischen Geschäftseinheiten (hier: Produktgruppen) der Careli GmbH geliefert werden.

ARBEITSAUFTRÄGE

1. Ermitteln Sie mithilfe der Außendienstinformationen (Seite 15) alle Werte, die Sie für die Portfolioanalyse benötigen, und tragen Sie diese in folgende Tabelle ein:

Portfolioanalyse			
Careli Produktgruppe	Anteil am Jahresumsatz Careli Vorjahr (in %)	relativer Marktanteil Vorjahr (dezimal)	erwartetes Marktwachstum Geschäftsjahr (in %)

2. Stellen Sie nun mithilfe der Ergebnisse aus Aufgabe 1 und des nachfolgenden Infotextes die Produktgruppen der Careli GmbH im Portfolioschema grafisch dar.

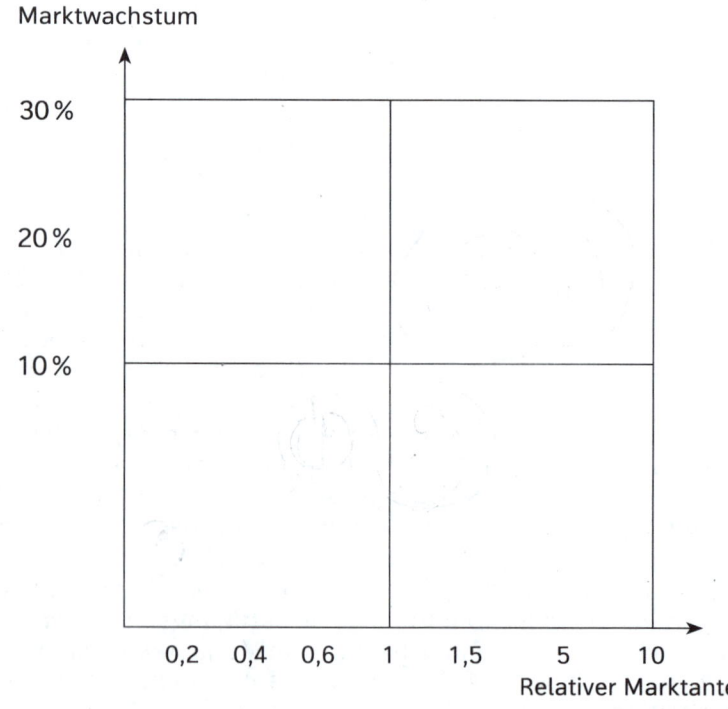

3. Überprüfen Sie, ob das Portfolio der Careli GmbH ausgewogen ist.

4. Diskutieren Sie kritisch die Normstrategien der Portfolioanalyse.

Infotext: Portfolioanalyse

Die Idee

Der Grundgedanke der Portfolioanalyse stammt ursprünglich aus dem Wertpapierhandel, wo hinsichtlich Chancen und Risiken eine ausgewogene Zusammenstellung der Wertpapiere (Wertpapierportfolio) angestrebt wird. Im Marketing soll die Portfolioanalyse dabei helfen, ein ausgewogenes Portfolio an „strategischen Geschäftseinheiten" (im Folgenden „SGE") zusammenzustellen. SGE sind Produkte bzw. Produktgruppen, für die es jeweils einen eigenen Markt bzw. ein eigenes Marktsegment gibt.

Die Marktanteils-Marktwachstums-Portfolioanalyse

Die bekannteste Portfolioanalyse ist die 4-Feld-Portfolioanalyse. Sie stammt von der Unternehmensberatung „Boston Consulting Group" und baut auf den Erkenntnissen einer umfangreichen Studie (PIMS-Projekt) auf, wonach der Marktanteil einer SGE eine wichtige Erfolgsgröße ist. Deshalb ordnet das Marketing alle SGE des Unternehmens in ein Koordinatensystem mit den Achsen „Marktwachstum" und „relativer Marktanteil" ein. Der „*relative*" Marktanteil wird nicht prozentual, sondern dezimal angegeben und drückt aus, wie hoch der eigene Marktanteil im Vergleich zum stärksten Wettbewerber ist. Damit wird die Position des eigenen Unternehmens im Wettbewerb deutlich. Der relative Marktanteil ist an dieser Stelle aussagefähiger als der absolute Marktanteil, da auch ein kleiner absoluter Marktanteil eine starke Marktposition bedeuten kann.

Beispiel: Ein Industrieunternehmen hat mit einer Produktgruppe einen absoluten Marktanteil von nur 10 % des Gesamtmarktes, jedoch 20 % mehr Marktanteil als der stärkste Wettbewerber. Damit aber ist das Unternehmen Marktführer. Diese wichtige Information macht der absolute Marktanteil (10 %) nicht deutlich, wohl aber der relative Marktanteil in Höhe von 1,2.

Grafische Darstellung

Jede strategische Geschäftseinheit wird in Form eines Kreises dargestellt, dessen Durchmesser den Anteil am eigenen Jahresumsatz ausdrückt.

Der relative Marktanteil wird dezimal angegeben, damit er nicht mit dem absoluten Marktanteil verwechselt wird. Ein relativer Marktanteil von 0,5 bedeutet, dass der eigene Umsatz halb so groß ist wie der des stärksten Wettbewerbers.

Der Maßstab an den Achsen ist nicht linear, sondern logarithmisch gewählt, um die Position der einzelnen SGE anschaulicher darzustellen.

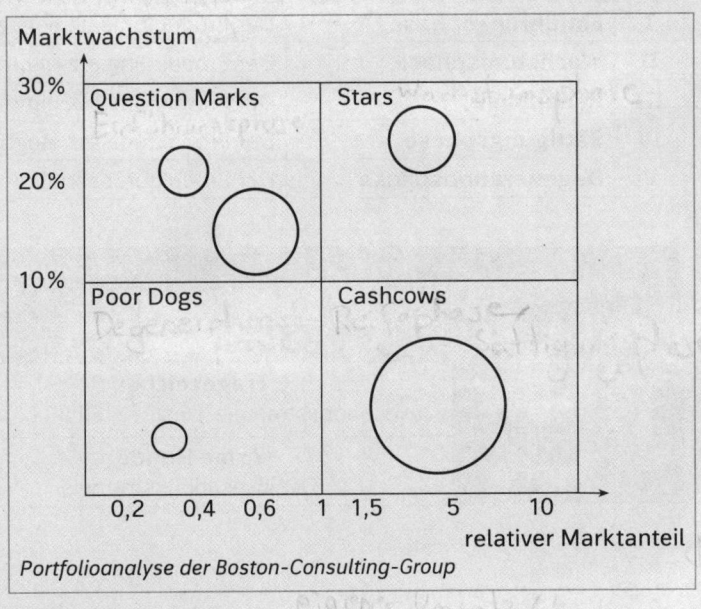

Portfolioanalyse der Boston-Consulting-Group

Die vier Felder und ihre Normstrategien

In der Theorie durchlaufen die SGE im Laufe ihres Produktlebenszyklus in nachfolgender Reihenfolge die vier Felder, für die entsprechende „Normstrategien" abgeleitet werden:

1. **Question Marks (Fragezeichen):** SGE in der Einführungs- oder Wachstumsphase mit zunächst geringem Marktanteil in stark wachsenden Märkten – *Normstrategie:* bei aussichtsreicher Marktsituation: Investitionsstrategie, andernfalls: Desinvestitionsstrategie (Verkauf)

2. **Stars (Sterne):** erfolgreiche SGE mit hohem Marktanteil in stark wachsenden Märkten – *Normstrategie:* Erhalten bzw. Ausbauen der Position (Investitionsstrategie)

3. **Cashcows (Milchkühe):** SGE mit hohem Marktanteil in stagnierenden Märkten, welche einen Finanzmittelüberschuss erwirtschaften – *Normstrategie:* Halten des Marktanteils (ggf. ein geringes Absinken des Marktanteils in Kauf nehmen) und Abschöpfen finanzieller Mittel für die anderen SGE (Abschöpfungsstrategie)

4. **Poor Dogs (arme Hunde):** SGE mit schwacher Marktposition in Märkten mit geringem Marktwachstum – *Normstrategie:* Marktanteil erheblich senken und die SGE verkaufen, wenn sie nicht mehr rentabel ist (Desinvestitionsstrategie)

Kompaktwissen

SWOT-Analyse		
	Externe Analyse	
	Chancen (Opportunities)	**Risiken (Threats)**
Interne Analyse — Stärken (Strengths)	**S-O-Strategien** Stärken einsetzen, um Chancen zu nutzen	**S-T-Strategien** Stärken einsetzen, um Risiken zu senken
Schwächen (Weaknesses)	**W-O-Strategien** Schwächen abbauen, um Chancen nutzen zu können	**W-T-Strategien** Bedrohungen gegenüber eigenen Schwächen abwehren

Wichtige Marktgrößen	
Marktvolumen	tatsächlicher Umsatz bzw. Absatz aller Unternehmen auf einem Markt
Marktanteil	$\dfrac{\text{Umsatz des betrachteten Unternehmens} \cdot 100}{\text{Marktvolumen}}$
Marktpotenzial	maximale Aufnahmefähigkeit des Marktes, gemessen in Absatz. bzw. Umsatz
Marktausschöpfungsgrad	$\dfrac{\text{Marktvolumen} \cdot 100}{\text{Marktpotenzial}}$

Phasen des Produktlebenszyklus		
I	**Einführungsphase**	Der Produktumsatz liegt zu Beginn bei 0 und steigt langsam an.
II	**Wachstumsphase**	Der Produktumsatz nimmt mit steigenden Wachstumsraten zu.
III	**Reifephase**	Der Produktumsatz nimmt mit abnehmenden Wachstumsraten zu.
IV	**Sättigungsphase**	Der Produktumsatz stagniert und beginnt langsam zu sinken.
V	**Degenerationsphase**	Der Produktumsatz nimmt immer stärker ab.

Portfolioanalyse		
	Marktanteil	
	gering	hoch
Marktwachstum — hoch	**Fragezeichen** Investitionsstrategie/Desinvestitionsstrategie	**Sterne** Investitionsstrategie
gering	**Arme Hunde** Desinvestitionsstrategie	**Milchkühe** Abschöpfungsstrategie

Vertiefungsaufgaben

1. Dem Marketing-Controlling des Sportartikelherstellers Fischer liegen verschiedene Ergebnisse der Marktforschung zu einzelnen Produktgruppen vor:

a) Produktgruppe I: Umsatz Fischer: 20 Mio. €, Marktanteil Fischer: 12 %, das Marktpotenzial ist zu 80 % ausgeschöpft. Ermitteln Sie mithilfe des Glossars Marktvolumen und Marktpotenzial für diesen Markt.

b) Produktgruppe II: Umsatz Fischer 25 Mio. €, Gesamtumsatz der übrigen Wettbewerber: 175 Mio. €, Marktpotenzial: 230 Mio. €. Wie groß ist der Marktanteil von Fischer und wie viel Prozent Marktwachstum sind auf diesem Markt noch möglich?

c) Produktgruppe III: Marktpotenzial 180 Mio. €, ein Drittel des Marktpotenzials ist noch nicht ausgeschöpft, Umsatz Fischer: 8,4 Mio. €. Wie groß ist das Marktvolumen und welchen Anteil hat Sport Fischer?

2. Welchen Nutzen kann das Marketing aus der Analyse von Produktlebenszyklen ziehen?

3. Die Technon AG vertreibt seit Jahren insgesamt vier Produktgruppen: DVD-Player, Beamer, schnurlose Telefone und TV-Geräte auf dem europäischen Markt. Die jüngste Produktgruppe des Hauses sind Beamer, deren Entwicklung und Herstellung erhebliche Kosten verursacht haben. Die erwarteten Gesamtkosten des Unternehmens im Geschäftsjahr belaufen sich auf 521 Mio. €. Vor diesem Hintergrund hat der Vorstand beschlossen, keine weiteren aufwendigen Entwicklungen neuer oder bisheriger Produkte zu genehmigen. Dem Marketing steht ein Jahresbudget von 2 Mio. € für sämtliche Marketingaktivitäten zur Verfügung. Folgende Informationen liegen dem Marketing vor:

- **Schnurlose Telefone:** Umsatz Geschäftsjahr: 19 Mio. €, Marktführer: Sound mit 120 Mio. €, Marktvolumen Geschäftsjahr: 224 Mio. €, prognostiziertes Marktvolumen für das Folgejahr: 240 Mio. €.
- **TV-Geräte:** Umsatz Geschäftsjahr: 380 Mio. €, stärkster Wettbewerber: Teles mit 211 Mio. €, Marktvolumen Geschäftsjahr: 800 Mio. €, prognostiziertes Marktvolumen für das Folgejahr: 840 Mio. €.
- **DVD-Player:** Umsatz Geschäftsjahr: 40 Mio. €, stärkster Wettbewerber: X-tron mit 25 Mio. €, Marktvolumen Geschäftsjahr: 160 Mio. €, prognostiziertes Marktvolumen für das Folgejahr: 190 Mio. €.
- **Beamer:** Umsatz Geschäftsjahr: 136 Mio. €, Marktführer: Sound mit 230 Mio. €, Marktvolumen Geschäftsjahr: 400 Mio. €, prognostiziertes Marktvolumen für das Folgejahr: 480 Mio. €.

a) Ermitteln Sie den erwarteten Gewinn des Geschäftsjahres.
b) Erstellen Sie eine Marktanteils-Marktwachstums-Portfolioanalyse.
c) Leiten Sie Normstrategien für die Technon AG ab.

4. Die Investmentgesellschaft „Gary & Cooper" plant den Kauf eines Unternehmens. Zur Auswahl stehen zwei Maschinenbauunternehmen, die Levamon AG und die Tessara AG. Der Kaufpreis beider Unternehmen ist etwa gleich. Folgende Informationen liegen Ihnen vor:

Levamon AG (Angaben in Mio. €)					
Strategische Geschäftseinheit	Umsatz Geschäftsjahr	Kosten Geschäftsjahr	Umsatzstärkster Wettbewerber	Marktvolumen Geschäftsjahr	Marktvolumen Folgejahr
A	375	356	125	750	878
B	270	257	180	810	1.013
C	312	296	260	1.201	1.285

Tessara AG (Angaben in Mio. €)					
Strategische Geschäftseinheit	Umsatz Geschäftsjahr	Kosten Geschäftsjahr	Umsatzstärkster Wettbewerber	Marktvolumen Geschäftsjahr	Marktvolumen Folgejahr
A	144	137	360	756	869
B	440	418	550	1.782	1.960
C	455	432	650	2.321	2.437

a) Erstellen Sie für beide Unternehmen eine Portfolioanalyse.
b) Beraten Sie die Investmentgesellschaft bei der bevorstehenden Kaufentscheidung.

■ C Strategische Marketingplanung

Praxisfall „Careli GmbH"

1 Formulieren SMARTer Marketingziele

Auf dem Strategieworkshop der Careli GmbH in Hohwacht an der Ostsee sind die Marketingziele der erste Tagesordnungspunkt. Auf Grundlage der Ergebnisse der Situationsanalysen hat die Geschäftsführung folgende Marketingziele geplant:

	Geplante Unternehmensziele (Entwurf)	SMART-Checkliste				
		S	M	A	R	T
1	Careli steigert innerhalb eines Jahres seinen Gesamtumsatz um 5 % gegenüber dem Vorjahr.					
2	Careli wird Marktführer auf dem bundesdeutschen Markt für Taschen bis zum 31. Januar 2013.					
3	Careli steigert seinen Marktanteil im Marktsegment „Frauen ab 30" bis zum 31. Dezember 2013.					
4	Careli-Taschen haben bei ihren Zielgruppen bis zum 31. Dezember 2015 ein besseres Image.					
5	Careli senkt seine durchschnittlichen jährlichen Marketingkosten gegenüber dem Geschäftsjahr 2010 um 25 % bis zum 31. Dezember 2013.					
6	Careli erhöht seinen Bekanntheitsgrad um 30 % im nächsten Quartal.					

ARBEITSAUFTRÄGE

1. Überprüfen Sie mithilfe des nachfolgenden Infotextes, ob die Marketingziele SMART formuliert sind. Markieren Sie smarte Ziele in der Checkliste mit einem „+", andernfalls tragen Sie bitte ein „–" ein.

2. Formulieren Sie Verbesserungsvorschläge, sofern Ziele nicht SMART formuliert sind.

zu Ziel 1: _____

_____

zu Ziel 2: _____

_____

zu Ziel 3: _____

_____

zu Ziel 4: _____

_____

zu Ziel 5: _____

_____

zu Ziel 6: _____

_____

3. Prüfen Sie, ob die Marketingziele so, wie oben angegeben, priorisiert werden müssten, und begründen Sie Ihre Meinung.

_____

_____

Infotext: Marketingziele

Zu Beginn einer Periode werden aus den übergreifenden Unternehmenszielen verbindliche Marketingziele abgeleitet. Sie sind richtungsweisend für alle weiteren Marketingentscheidungen.

Formulieren SMARTer Marketingziele

Marketingziele – wie auch alle anderen Arten von Zielen – sollen stets SMART formuliert werden. Dabei handelt es sich um eine Abkürzung mehrerer Anforderungen an die Zielformulierungen:

	SMART-Anforderungen an Marketingziele[1]	
S	Spezifisch	Das Ziel ist eindeutig und unmissverständlich formuliert.
M	Messbar	Das Ziel ist objektiv messbar, mindestens aber überprüfbar formuliert.
A	Akzeptiert	Das Ziel ist für die Mitarbeiter/innen und die Unternehmensleitung akzeptabel.
R	Realistisch	Das Ziel kann tatsächlich erreicht werden.
T	Terminiert	Die Erreichung des Ziels ist an einen Kalendertermin geknüpft.

Zielarten

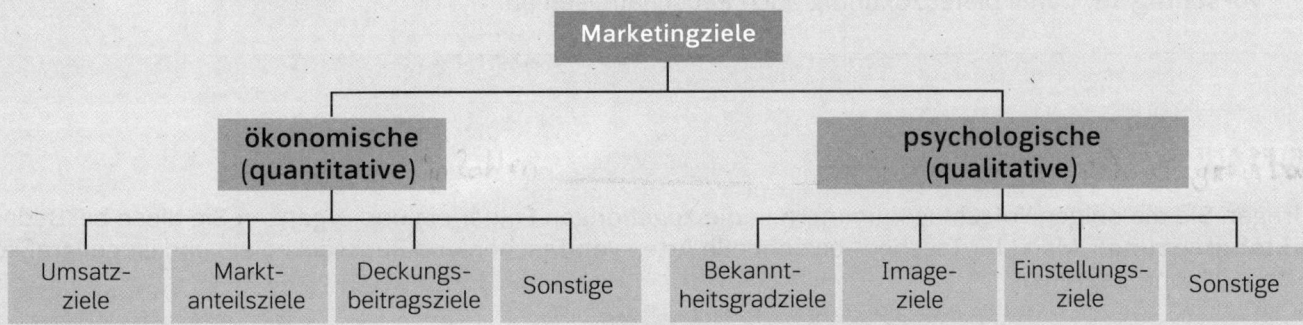

Zielbeziehungen

Ziele stehen grundsätzlich in einer der folgenden Beziehungen zueinander:

komplementäre Zielbeziehung	neutrale (indifferente) Zielbeziehung	konfliktäre Zielbeziehung
Das Verfolgen eines Ziels Z_1 fördert das Erreichen eines anderen Ziels Z_2:	Das Verfolgen eines Ziels Z_1 hat keine Auswirkung auf das Erreichen eines anderen Ziels Z_2:	Das Verfolgen eines Ziels Z_1 behindert das Erreichen eines anderen Ziels Z_2:

Merke: Konfliktäre Ziele müssen priorisiert werden, damit klar ist, welche Ziele Vorrang haben.

---

1 Die SMART-Formel wird in der Praxis uneinheitlich ausgelegt (z. B. „A" für aktionsorientiert, attraktiv, angemessen, „R" für relevant usw.).

2 Aufzeigen alternativer Wachstumsstrategien

Am zweiten Tag des Strategieworkshops sollen alle denkbaren Ideen für mögliche Wachstumschancen für die Careli GmbH in einer Produkt-Markt-Matrix dokumentiert werden. Am Vormittag wurden zunächst diverse Vorschläge in Zusammenarbeit mit der Vertriebsleitung auf einem Flipchart erfasst:

Vorschlag 1: Careli ergänzt sein Produktprogramm um Portemonnaies.

Vorschlag 2: Careli bietet zukünftig auch Schul- und Freizeittaschen für Jugendliche an.

Vorschlag 3: Careli erhöht die Anzahl an Sonderpreisaktionen.

Vorschlag 4: Die Tasche „Bremen" wird geringfügig überarbeitet und als Fotozubehör vermarktet.

Vorschlag 5: Careli versucht, mehr Regalfläche des Einzelhandels herauszuhandeln.

Vorschlag 6: Careli entwickelt neuartige Sporttaschen.

Vorschlag 7: Careli bietet zukünftig auch modische Gürtel an.

Vorschlag 8: Careli vertreibt seine Taschen zukünftig auch in Russland und China.

Vorschlag 9: Careli beliefert fortan einen finnischen Taschenhersteller mit Kunstfasern.

Vorschlag 10: Careli bietet zukünftig auch Pauschalreisen an.

ABEITSAUFTRÄGE

1. Tragen Sie die obigen Vorschlagsnummern in die zugehörigen Felder ein und ergänzen Sie diese bei Bedarf. **Marktabgrenzung:** „Markt für Taschen" bezieht alle Arten von Taschen und Rucksäcken ein und ist geografisch auf Deutschland begrenzt.

Produkt \ Markt	gegenwärtig	neu
gegenwärtig		
neu		

2. Diskutieren Sie die vorliegenden Vorschläge auf Grundlage der Ergebnisse Ihrer Situationsanalysen in Kapitel B und ziehen Sie drei Vorschläge in die engere Wahl:

Favorit Nr. 1: _____

Favorit Nr. 2: _____

Favorit Nr. 3: _____

Infotext: Wachstumsstrategien (Marktfeldstrategien)

Ein wachstumsorientiertes Unternehmen muss sich entscheiden, ob es seine bisherigen Produkte oder neue Produkte auf bisherigen oder auf neuen Märkten anbietet. Es ergeben sich damit vier Produkt-Markt-Kombinationen, welche als „Wachstumsstrategien" (auch „Marktfeldstrategien") bezeichnet werden:

Produkt / Markt	gegenwärtig	neu
gegenwärtig	Marktdurchdringungsstrategie	Marktentwicklungsstrategie
neu	Produktentwicklungsstrategie	Diversifikationsstrategie

Dabei ist zunächst eine Marktabgrenzung vorzunehmen, also eindeutig zu klären, von welchem Markt die Rede ist (z. B. „Markt für Mobiltelefone").

Marktdurchdringungsstrategie

Der bisherige Markt soll noch intensiver als bislang „durchdrungen" werden: Das Unternehmen versucht deshalb, noch mehr seiner gegenwärtigen Produkte in seinen bisherigen Märkten abzusetzen, indem es z. B.

- seine Verkaufseinheiten vergrößert,
- durch eine geringere Produktqualität die Nachkaufrate erhöht,
- durch erhebliche Preissenkungen bisherige Nichtkäufer zum Kauf verleitet,
- durch eine neue Werbestrategie Kunden von Wettbewerbern abzieht.

Marktentwicklungsstrategie

Das Unternehmen bietet seine bisherigen Produkte (ggf. mit geringfügigen Produktveränderungen) fortan auf neuen Märkten bzw. Teilmärkten an, indem es z. B.

- das Produkt in neuen Regionen oder Ländern anbietet,
- durch neue Einsatz- bzw. Anwendungsbereiche das Produkt für andere Käufergruppen interessant macht (z. B. Profibohrmaschine nun auch für Heimwerker, Süßigkeiten auch als Geschenkartikel).

Produktentwicklungsstrategie (Innovationsstrategie)

Das Unternehmen entwickelt neue Produkte für den bisherigen Markt, etwa in Form

- völlig neuartiger Produkte (echte Innovationen, z. B. Hybridmotor für Pkw),
- von Weiterentwicklungen bestehender Produkte („Quasiinnovationen", z. B. neuer VW Golf),
- von Nachahmungen von Wettbewerbsprodukten („Me-too-Produkte", z. B. Faltdach des Peugeot 206 cc als Nachahmung des Mercedes SLK).

Diversifikationsstrategie

Das Unternehmen erweitert sein Programm bzw. Sortiment um neue Produkte, die es auf neuen Märkten anbietet. Dabei sind grundsätzlich drei Arten von Diversifikation zu unterscheiden:

- **horizontale Diversifikation:** Erweiterung des Produktionsprogramms um Produkte, die mit dem bisherigen Programm in sachlichem Zusammenhang (z. B. ähnliche Werkstoffe, ähnliche Produktionsprozesse, verwandter Verwendungszweck) und zugleich auf derselben Produktions- oder Handelsstufe stehen (z. B. Fahrradhändler verkauft zukünftig auch Regenkleidung)
- **vertikale Diversifikation:** Vermarktung von Produkten einer vor- oder nachgelagerten Produktions- oder Handelsstufe (z. B. Schuhfabrikant verkauft zukünftig auch sein Rohleder an die Industrie)
- **laterale Diversifikation:** Vermarktung neuer Produkte, die mit den bisherigen Produkten in keinem Zusammenhang stehen, an neue Kundengruppen (z. B. der Motorradhersteller Yamaha bietet fortan auch Pianos an)

3 Auswählen attraktiver Marktsegmente

Die Careli GmbH ist nicht in jedem Marktsegment des Taschenmarktes vertreten. Um das geplante Umsatzwachstum zu erreichen, erwägt die Marketingabteilung, neue Taschen entweder für das Marktsegment „Sportler" oder aber das Segment „Schüler & Studenten" anzubieten. Der Kollege aus der Markforschung weiß Folgendes zu berichten:

Marktsegment „Sportler": Sportler sind für Taschenanbieter seit jeher ein bedeutendes und stabiles Marktsegment. Die Aussage des Einzelhandels dazu ist: „Sporttaschen werden immer gebraucht." Dieses Jahr wurde allein mit Sporttaschen in Deutschland[1] ein Marktvolumen von 210 Mio. € erreicht, darüber hinaus wächst dieser Markt immer noch mit einer jährlichen Wachstumsrate von 3 %. Es gibt jedoch zahlreiche etablierte Anbieter für Sporttaschen, sodass Careli bestenfalls einen langfristigen Marktanteil von 2 % realisieren kann. Das kann aufgrund der Größe dieses Marktsegments jedoch einen erheblichen Umsatz für Careli bedeuten.

Marktsegment „Schüler & Studenten": Laut Außendienstbericht sieht der Einzelhandel bundesweit einen zunehmenden Bedarf an originellen Schul- und Freizeittaschen für die Zielgruppe Schüler & Studenten im Alter von 16 bis 26 Jahren. Es handele sich dabei um einen grundsätzlichen Trend in dieser Altersgruppe – weg von der Einheitstasche hin zum persönlichen Lifestyleprodukt. Allein im Testmarkt Berlin[2] wurde in diesem Jahr ein Markvolumen von 1,75 Mio. € realisiert. Das jährliche Marktwachstum beträgt etwa 20 %. Careli kann bereits im Folgejahr mit einem erfolgreichen Produkt einen Marktanteil von etwa 15 % erreichen.

ARBEITSAUFTRÄGE

1. Welche Segmentierungsstrategie betreibt die Careli GmbH zurzeit? Nehmen Sie den nachfolgenden Infotext zu Hilfe und begründen Sie Ihre Meinung.

2. Errechnen Sie mithilfe des Glossars das Umsatzpotenzial beider Marktsegmente auf dem deutschen Markt für das Unternehmen Careli im Folgejahr. Gehen Sie bei Ihren Berechnungen davon aus, dass die Hälfte des erwirtschafteten Umsatzes auf den Handel entfällt. Für welches Marktsegment sollte sich Careli bei vergleichbarer Kostensituation entscheiden?

3. Prüfen Sie mithilfe der Segmentierungskriterien aus dem nachfolgenden Infotext, ob Careli dieses Marktsegment noch weiter segmentieren sollte, und beraten Sie das Unternehmen.

---

1 81,9 Mio. Einwohner
2 ca. 3,5 Mio. Einwohner

Infotext: Massenmarkt- und Marktsegmentierungsstrategien

Massenmarktstrategie

Immer dann, wenn die Nachfrage das Angebot deutlich übersteigt, können die Hersteller undifferenzierte Massenprodukte für alle Kunden anbieten und erfolgreich verkaufen. Henry Ford sagte dazu:

„Man kann einen Ford in jeder Farbe bekommen, solange diese Farbe schwarz ist."

Diese sogenannte „Massenmarktstrategie" war typisch für die ersten Jahrzehnte der Industrialisierung und auch für die Nachkriegsjahre. Noch bis Ende der 1960er-Jahre war der Mangel an Konsumgütern in Deutschland so groß, dass die Kunden undifferenzierte Massenprodukte kauften, da es keine Alternativen gab (z. B. Persil, VW-Käfer, Pritt, Odol, Coca Cola, Kinderschokolade). In bestimmten Branchen (z. B. Elektronikteile) ist die Strategie bis heute möglich. Ihr Vorteil liegt in den geringen Stückkosten des Herstellers.

Marktsegmentierung

Mit zunehmender Marktsättigung wurden die Kunden anspruchsvoller, sodass die Unternehmen nach und nach gezwungen waren, individuelle Kundenwünsche zu berücksichtigen. Aus diesem Grunde zerlegen die Unternehmen seitdem den Gesamtmarkt mit Kunden unterschiedlicher Bedürfnisse in kleine Teilmärkte mit Kunden gleichartiger Bedürfnisse, um sich dann mit entsprechenden Produkten auf diese Teilmärkte zu spezialisieren. Dieses Vorgehen wird als „Marktsegmentierung" bezeichnet. Dabei können sich die Marktsegmente auf die entsprechenden Kundengruppen wie auch auf die zugehörigen Produkte beziehen.

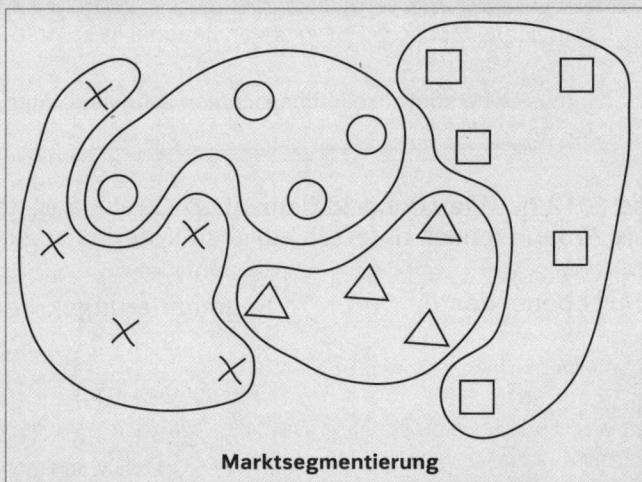

Marktsegmentierung

Beispiel: Eine Brauerei zerlegt den gesamten Biermarkt in die Segmente „Männer" (herbes Bier), „Frauen" (mildes Bier), „junge Frauen" (Lemonbier), „Autofahrer" (alkoholfreies Bier) usw.

Definition: Marktsegmentierung ist das Zerlegen eines heterogenen[1] Gesamtmarktes in homogene[2] Teilmärkte sowie die anschließende differenzierte Bearbeitung dieser Teilmärkte.

Damit eine Marktsegmentierung wirtschaftlich rentabel ist, müssen die Marktsegmente eine erforderliche Mindestgröße aufweisen und über einen ausreichend langen Zeitraum existieren. Bei dem Vorhaben, einen Markt zu segmentieren, stellt sich oft die Frage, ob ein Markt oder ein Marktsegment vorliegt. Die Antwort ist, wie auch bei den Wachstumsstrategien, immer abhängig davon, wie der Markt abgegrenzt wird, da es nicht den „Markt an sich" gibt. Die Marktabgrenzung ist eine Entscheidung des Managements, die der Marktsegmentierung vorangehen muss.

Beispiel: Ein Hersteller für Körperpflegeprodukte kann den Markt für Körperpflegeprodukte abgrenzen und das Marktsegment „Duschgels" definieren. Ebenso kann er den Markt für „Duschgels" abgrenzen und das Marktsegment „medizinische Duschgels" definieren usw.

---

1 heterogen: ungleichartig, andersartig
2 homogen: gleichartig

Segmentierungskriterien

Jedes Unternehmen kann den Gesamtmarkt mithilfe kaufrelevanter Kriterien („Trennvariablen") zerlegen. Die bekanntesten sind:

Segmentierungskriterium	Beispiel
geografisch	
Nation	Engländer kaufen nur Autos mit dem Steuer auf der rechten Seite.
Klimazone	Südeuropäer kaufen mehr Cabrios als Nordeuropäer.
demografisch	
Alter	Ältere Menschen investieren mehr Geld in Sicherheit als jüngere Menschen.
Geschlecht	Frauen fahren lieber kleinere Autos als Männer.
Einkommen	Manager kaufen luxuriösere Autos als Sachbearbeiter.
Familienstand	Familien benötigen geräumigere Autos als Singles.
psychografisch	
Lebensstil	Bescheidene Menschen bevorzugen unauffälligere Autos als prestige- und statusorientierte Menschen.
Persönlichkeit	Aggressive Persönlichkeiten bevorzugen schnellere Autos als vorsichtige Persönlichkeiten.

In der Kommunikationsanalyse 2012 hat die Gruner & Jahr AG & Co KG aus Hamburg 29,99 Mio. Frauen in Deutschland im Alter von 14 bis 70 Jahren nach unterschiedlichen Kriterien segmentiert:

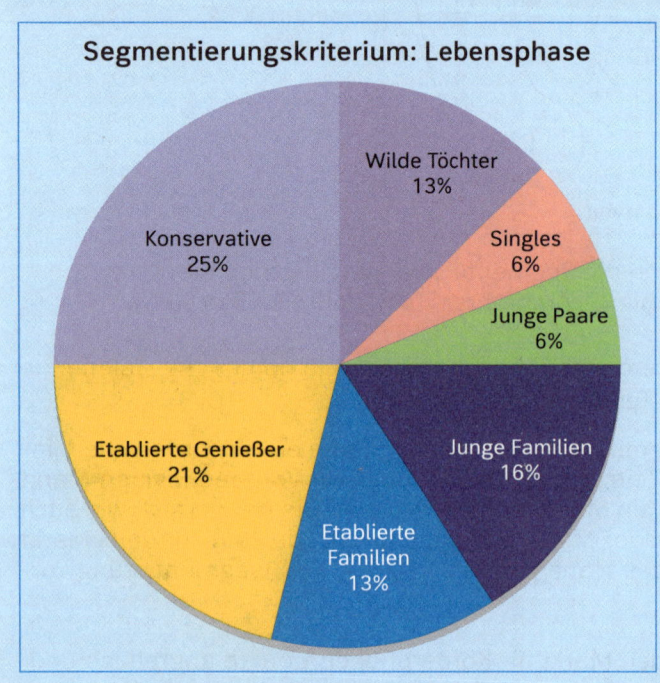

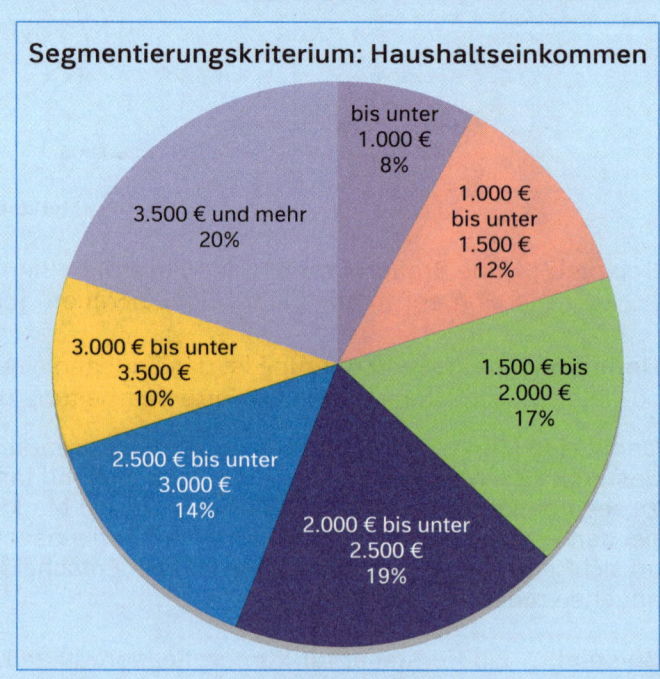

Strategieauswahl

Jedes Unternehmen muss entscheiden, ob es eine Massenmarktstrategie oder eine der drei Segmentierungsstrategien auswählen will:

Marketing-maßnahmen	Massenmarkt-strategie	Segmentierungsstrategien		
		Segment-konzentration	selektive Spezialisierung	Strategie der Marktabdeckung
	undifferenziert	undifferenziert	differenziert	differenziert
Grad der Marktabdeckung	Bearbeitung des heterogenen Gesamtmarktes	Bearbeitung eines Segmentes	Bearbeiten ausgewählter Segmente	Bearbeiten aller Segmente

Massenmarkt- und Marktsegmentierungsstrategien

Beispiel: Alternative Strategien für einen Armbanduhrenhersteller:

- **Massenmarktstrategie (Nichtsegmentierung):** ein Uhrenmodell für alle Kunden
- **Segmentkonzentration:** Konzentration auf das Segment Damenuhren
- **Selektive Spezialisierung:** Spezialisierung auf Damen- und Kinderuhren
- **Marktabdeckung:** Damen-, Herren-, Kinder-, Taucher-, Designeruhren.

4 Positionieren gegenüber dem Wettbewerb

Nun sollen die Positionierungsstrategien von Careli und seinen Wettbewerbern grafisch dargestellt werden.

ARBEITSAUFTRÄGE

1. Bestimmen Sie für das ausgewählte Marktsegment die Position der wichtigsten Konkurrenzmarken von Careli (Esprit, H&M, Eastpak, TCM von Tchibo, Lacoste, s.Oliver und bei Bedarf weitere) im Eigenschaftsraum. Nehmen Sie dabei den nachfolgenden Infotext zu Hilfe und tragen Sie alle Produkte in folgender Grafik ein:

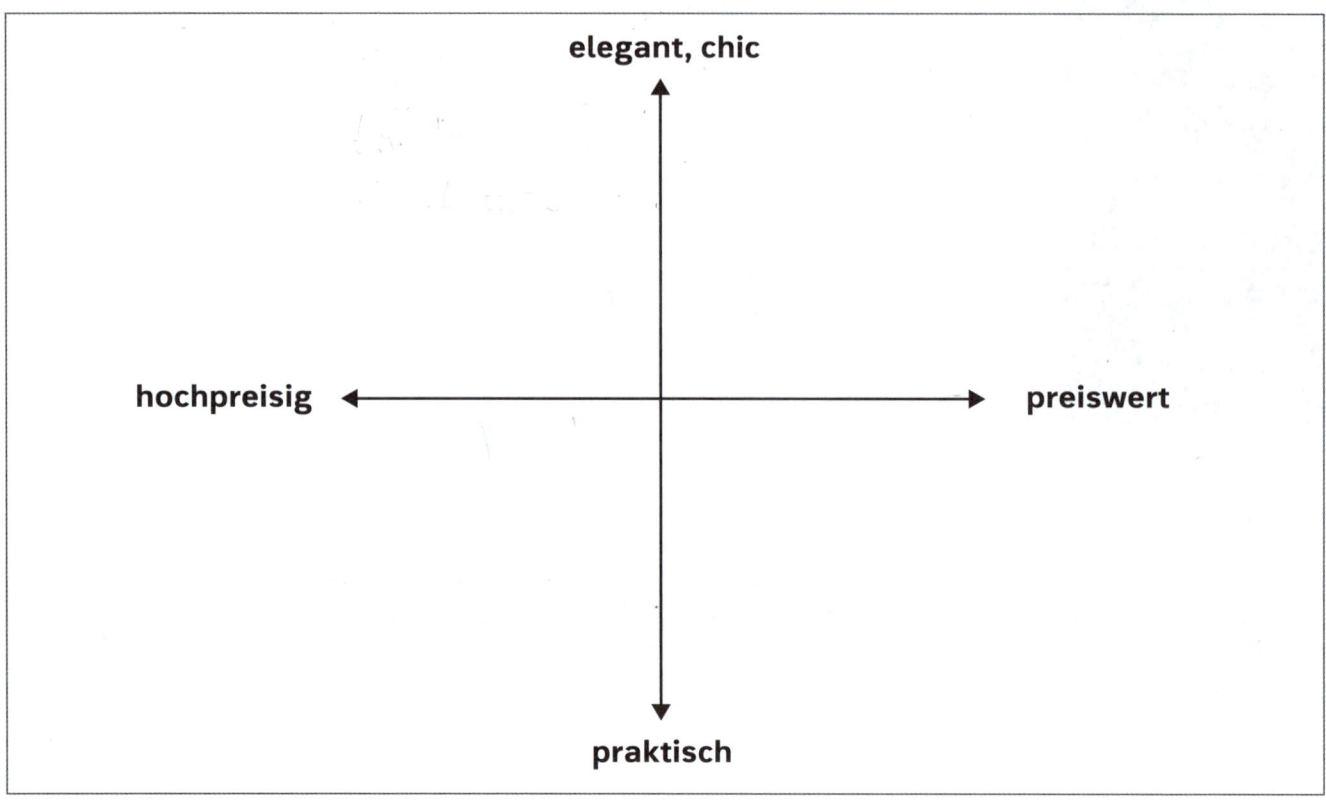

2. Durch welche Marketingmaßnahmen haben sich diese Anbieter in Ihrer Gedankenwelt positioniert? Erläutern Sie, wie Sie auf die einzelnen Positionen gekommen sind.

_____

_____

_____

_____

3. Positionieren Sie nun auch die Careli GmbH im Eigenschaftsraum. Beziehen Sie dabei die Informationen von Seite 8 ein.

_____

_____

_____

4. Diskutieren Sie, ob die Positionierungsstrategie beibehalten oder das Unternehmen „umpositioniert" werden sollte. Bringen Sie dazu Ihre persönliche Überzeugung mit ein.

_____

_____

_____

Infotext: Positionierungsstrategien

Positionierung durch ein Alleinstellungsmerkmal (USP)

Um bei der Vielzahl der am Markt befindlichen Konkurrenzprodukte überhaupt noch vom Kunden wahrgenommen zu werden, muss jedes Unternehmen darauf bedacht sein, sich durch seine besonderen Stärken gegenüber der Konkurrenz abzuheben. Zu diesem Zweck wird für jedes Produkt bzw. jede Marke ein einzigartiger Verkaufsvorteil (Alleinstellungsmerkmal, auch „unique selling proposition", kurz: „USP") bestimmt und den Kunden vor Augen geführt. Auf diese Weise wird das Produkt in der Gedankenwelt des Kunden gegenüber den Konkurrenzprodukten abgegrenzt bzw. „positioniert".

Beispiel: Apollinaris („Queen of Tablewaters") positioniert sein Mineralwasser als edel und hochwertig; Sebamed-Duschgel wird als „medizinisches Duschgel" positioniert; Media Markt positioniert sich als Niedrigpreisanbieter, Geox atmet usw.

Grafische Darstellung im Eigenschaftsraum

Oftmals lässt sich die Positionierung eines Produkts bzw. einer Marke durch einen „zweidimensionalen Eigenschaftsraum" veranschaulichen. Als Achsenbezeichnungen werden relevante Produkteigenschaften eingetragen, welche aus Sicht der Verbraucher kaufentscheidend sind. Abhängig davon, wie ausgeprägt die einzelnen Produkteigenschaften von den Konsumenten wahrgenommen werden, lassen sich die einzelnen Produkte bzw. Marken im Eigenschaftsraum „positionieren":

Beispiel:

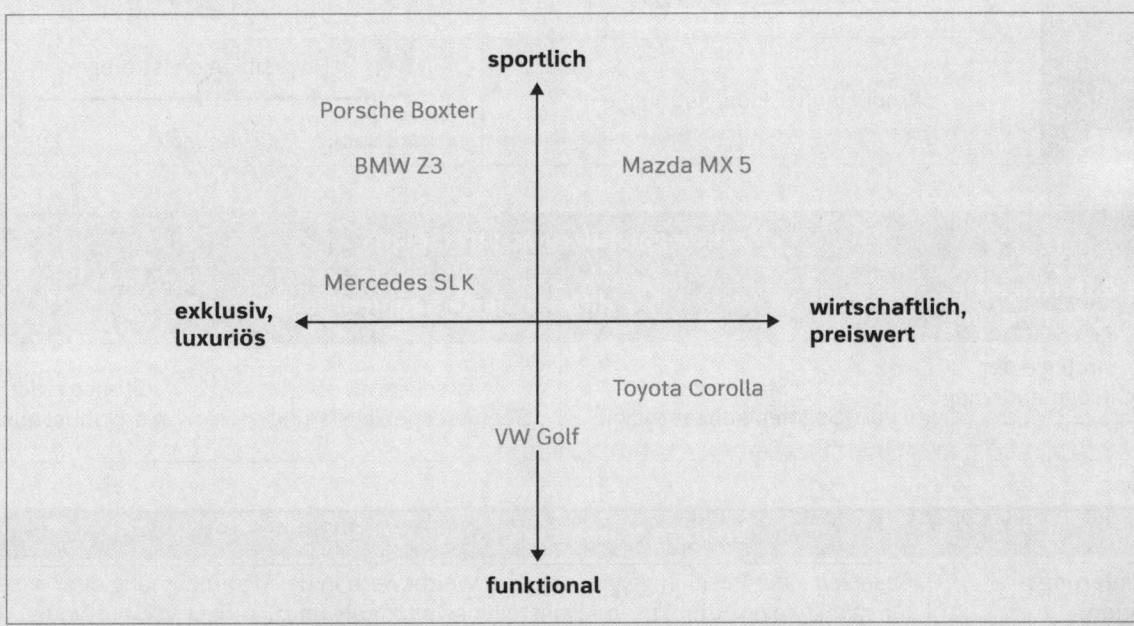

Das Unternehmen sollte für seine Produkte bzw. Marken eine unbesetzte Positionierungslücke im Eigenschaftsraum aussuchen und diese als USP festlegen. Voraussetzung ist, dass es für diese Eigenschaftskombination eine ausreichende Nachfrage gibt.

Anforderungen an eine erfolgreiche Positionierung

Nach Kotler sollte die Positionierung

- bereits vor der Produktentwicklung vorgenommen werden.
- nur eine Produkteigenschaft herausstellen (keine „Mehrfachpositionierung").
- nicht ohne Weiteres von der Konkurrenz kopierbar sein.
- langfristig angelegt sein.[1]

---

1 Kotler, P.: Kotlers Marketing Guide, New York 2004, Seite 126 ff.

Kompaktwissen

Marktsegmentierungsstrategien			
undifferenzierte Marktbearbeitung	**differenzierte Segmentbearbeitung**		
Strategie der Nichtsegmentierung (Massenmarktstrategie)	Strategie der Segmentkonzentration	selektive Segmentspezialisierung	Strategie der Marktabdeckung

Weitere Marketingstrategien	
Positionierungs- strategien	Besetzen einer Position gegenüber dem Wettbewerb in der Wahrnehmung der Konsumenten mithilfe eines attraktiven Alleinstellungsmerkmals (einzigartiger Verkaufsvorteil, USP).
Customer- Relationship- Strategien (CRM)	Strategien zur langfristigen Bindung der Kunden an das Unternehmen; dazu werden alle betrieblichen Prozesse konsequent auf die Kunden ausgerichtet (z. B. durch Datenbanken mit allen Informationen über die Kunden in Verbindung mit Kundenkarten).
Strategien zur SWOT-Analyse	SO-Strategien: mit Stärken Chancen nutzen; ST-Strategien: mit Stärken Risiken senken; WO-Strategien: Schwächen abbauen, um Chancen nutzen zu können; WT-Strategien: Bedrohungen gegenüber eigenen Schwächen abwehren
Strategien zur Portfolioanalyse	Investitions- und Desinvestitionsstrategien: Aus- oder Rückbau strategischer Geschäftsfelder, z. B. Abschöpfungsstrategie (Abziehen finanzieller Mittel aus Geschäftsfeldern, die entsprechende Überschüsse erwirtschaften), ohne neu zu investieren

Vertiefungsaufgaben

1. Warum werden Imageziele langfristiger (ca. auf fünf Jahre) festgelegt als Umsatzziele (ca. auf ein Jahr)?

2. Ein Hersteller von Babynahrung verfolgt gleichzeitig das Ziel, auch in ausländischen Supermärkten vertreten zu sein sowie die Marketingkosten zu senken. Erläutern Sie die Zielbeziehung sowie die erforderliche Entscheidung.

3. Das Programm des Fahrradherstellers Russ umfasst die Produktgruppen „Trekking-Bikes", „Mountain-Bikes", „traditionelle Stadtfahrräder", „Hollandfahrräder" sowie „technisches Zubehör". Um einem Umsatzrückgang entgegenzuwirken, denkt Russ über verschiedene Wachstumsstrategien nach.

    a) Um welche Wachstumsstrategien handelt es sich in den folgenden Fällen?
- Aufnahme von Tandems in das Programm
- Durchführen einer Sonderpreisaktion im Juli
- Aufbau eines Webshops zur Gewinnung überregionaler Kunden
- Aufnahme von Motorradkleidung in das Programm

    b) Unterbreiten Sie Russ für jede der Ihnen bekannten Wachstumsstrategien einen eigenen Vorschlag.

4. Positionieren Sie folgende Duschgels im Eigenschaftsraum: Adidas, Nivea, Axe, Fa, Dove, Calvin Klein, Isana (Rossmann), Sebamed, Palmolive

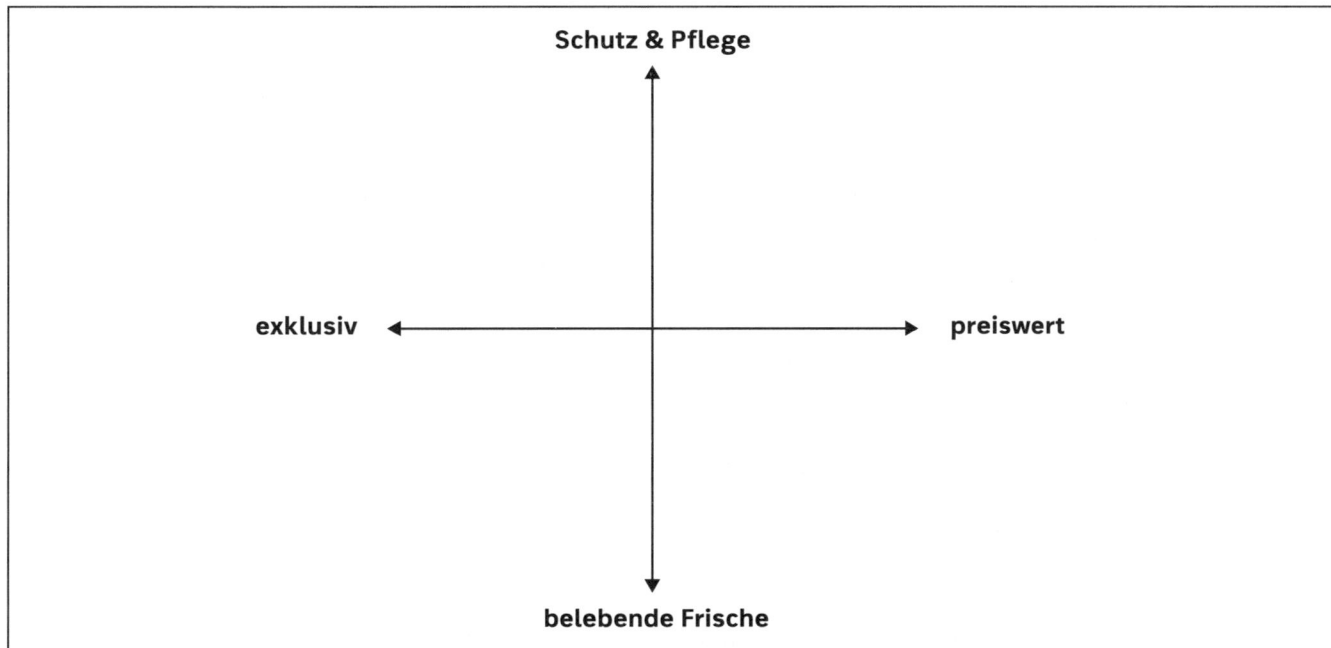

5. Segmentieren Sie den Sporttaschenmarkt, indem Sie Kundengruppen mit gleichartigen Anforderungen an eine Sporttasche zusammenfassen. Kreisen Sie diese einfach mit einem Stift ein und begründen Sie Ihr Vorgehen.

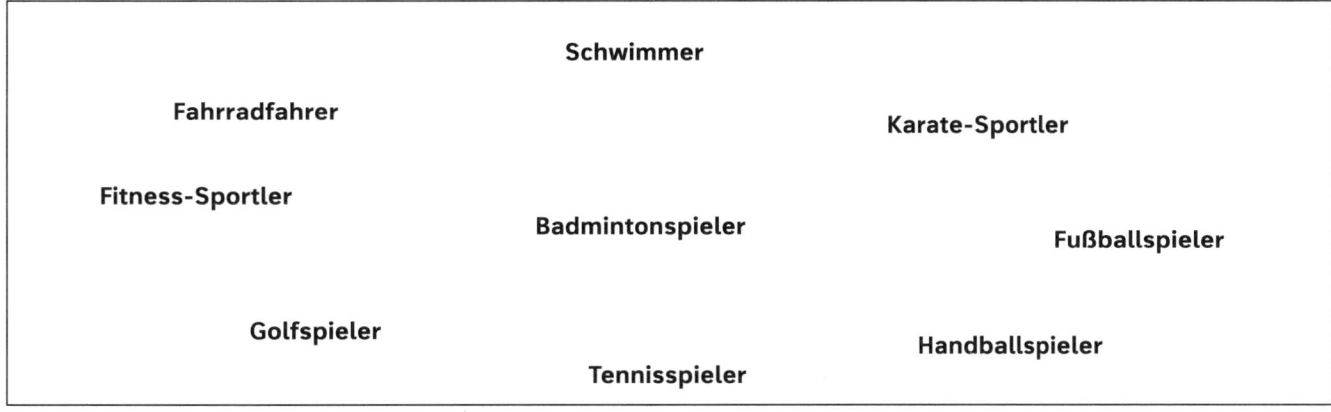

6. Welche Bedeutung haben Kundenkarten im Rahmen einer CRM-Strategie?

D Marktforschung

Praxisfall „Careli GmbH"

1 Planen des Ablaufs einer Befragung

Die Careli GmbH hat die Entwicklung einer neuen Schul- und Freizeittasche für das Marktsegment „Schüler und Studenten" beschlossen. Um die Wünsche der Zielgruppe besser kennenzulernen, plant die Marketingabteilung von Careli eine Marktforschung in Form einer Befragung. Damit diese wie auch zukünftige Befragungen systematisch und erfolgreich verlaufen, soll das gesamte Befragungsverfahren zunächst übersichtlich dargestellt werden.

Aus diesem Grund werden zuerst die stets wiederkehrenden, grundsätzlichen Schritte (Stationen) eines Befragungsverfahrens identifiziert und anschließend alle zugehörigen Aktivitäten diesen Schritten zugeordnet.

ARBEITSAUFTRÄGE

1. Bringen Sie folgende Schritte bzw. Stationen einer Befragung in eine sinnvolle Reihenfolge, indem Sie diese als Überschriften in die grauen Kopfzeilen des Ablaufschemas (siehe Folgeseite) eintragen:

- Durchführung der Interviews
- Entwickeln des Fragebogens
- Aufbereitung und Auswertung der Daten
- Präsentation der Ergebnisse
- Festlegung des Auswahlverfahrens
- Gespräch mit dem Auftraggeber

2. Ordnen Sie anschließend den einzelnen Stationen die folgenden Aktivitäten zu:

- Vorstellen der Ergebnisse gegenüber dem Auftraggeber
- Überarbeiten des Fragebogens
- Bestimmen der Größe der Stichprobe („Wie viele wollen wir befragen?")
- Entwickeln eines ersten Fragebogens
- Zusammenstellen aller Ergebnisse (Diagramme, Interpretation) in einer strukturierten Präsentation
- Auszählen der Antworten auf die einzelnen Fragen
- Entscheiden für ein Auswahlverfahren („Wer genau soll befragt werden?")
- Formulieren präziser Befragungsziele
- Sammeln von allen bedeutsamen Informationen (Recherchen, Expertenmeinungen usw.)
- Kopieren der erforderlichen Anzahl an Fragebögen
- Befragen der ausgewählten Zielpersonen
- Gruppieren (Klassifizieren) von Antworten auf offene Fragen
- Dokumentieren von Befragungsziel und Befragungsauftrag
- Darstellen der geordneten Daten in Diagrammen (z. B. Balkendiagramm, Tortendiagramm usw.)
- Klären des Problems, das der Befragung zugrunde liegt
- Durchführen weniger Testbefragungen zur Überprüfung der Stimmigkeit des Bogens
- Analysieren und Interpretieren der Diagramme

Ablauf einer Befragung

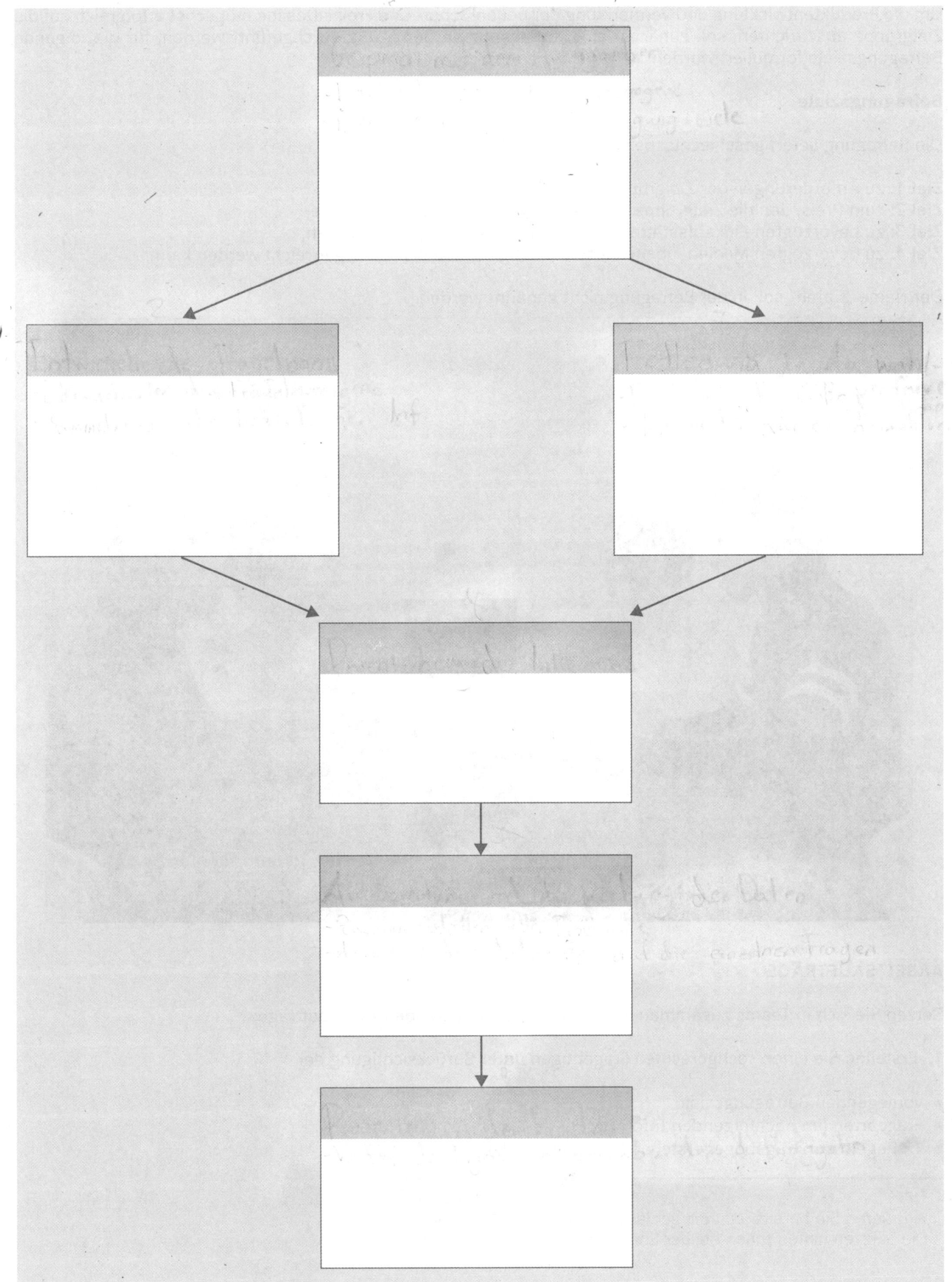

2 Entwickeln des Fragebogens

Um die Produktentwicklung und Vermarktung der neuen Schul- und Freizeittasche möglichst erfolgreich auf die Zielgruppe auszurichten, soll zunächst eine repräsentative Befragung durchgeführt werden, für die folgende Befragungsziele formuliert wurden:

Befragungsziele

Die Befragung liefert geschlechtsspezifische Hinweise

Ziel 1: zu Anforderungen der Zielgruppe an das Produkt,
Ziel 2: zum Preis, den die Zielgruppe für das Produkt zu zahlen bereit wäre,
Ziel 3: zu bevorzugten Einkaufsstätten der Zielgruppe in Bezug auf Taschen,
Ziel 4: zu bevorzugten Medien, über welche die Zielgruppe mit Werbung erreicht werden kann.

Der Name „Careli" soll in der Befragung nicht genannt werden.

ARBEITSAUFTRÄGE

Setzen Sie sich in Teams zusammen und bearbeiten Sie folgende Arbeitsaufträge:

1. Erstellen Sie einen sachgerechten Fragebogen unter Berücksichtigung der

- vorliegenden Befragungsziele,
- Fragearten (im nachfolgenden Infotext),
- 12 Regeln der Fragebogenerstellung (im darauf folgenden Infotext).

> **Tipp:**
> Skizzieren Sie bereits jetzt die geplanten Diagramme.
> Die Skizzen helfen Ihnen bei der Entwicklung Ihres Fragebogens.

2. Präsentieren Sie anschließend Team für Team Ihren Fragebogenentwurf gegenüber Ihren Mitschülern und nehmen Sie überzeugende Verbesserungsvorschläge auf.

Entwurf Fragebogen

Infotext: Fragearten

Fragearten hinsichtlich Fragefunktion

Eisbrecherfragen: Eisbrecherfragen haben die Aufgabe, Kontakt zum Befragten herzustellen und dessen Bereitschaft zur Teilnahme an der Befragung zu erhöhen.

Sachfragen: Sachfragen dienen der Klärung von Sachverhalten, die den Auftraggeber interessieren, und sind damit inhaltlicher Natur. Sie machen den Löwenanteil der Fragen aus.

Überleitungsfragen (Pufferfragen): Überleitungsfragen sollen die Gedanken des Befragten von vorangegangenen Themen abschirmen, welche häufig nachfolgende Fragen „überstrahlen" können („Halo"-Effekt).

Beispiel: Die Beantwortung von Fragen, die sich mit dem Thema „Sexuelle Praktiken" befassen,
werden häufig in Abhängigkeit davon beantwortet werden, ob vorher über Schutzmaßnahmen gegen Aids oder über Verklemmtheit gesprochen wurde.

Filterfragen: Filterfragen haben die Aufgabe, nachfolgende Fragen zu überspringen, sofern deren Beantwortung abhängig von der Beantwortung der vorangehenden Frage nicht mehr sinnvoll ist.

Beispiel: „Rauchen Sie?

☐ Ja   ☐ Nein

Wenn „Nein", bitte weiter mit Frage 9.
Wenn „Ja", bevorzugen Sie Filterzigaretten?" usw.

Kontrollfragen: Kontrollfragen haben die Aufgabe, die Gültigkeit („Validität") von Antworten zu kontrollieren, denn häufig geben die Befragten ggf. unbewusst unwahre Antworten. Dazu werden dem Befragten entweder wohlklingende, aber unglaubwürdige Antworten angeboten (z. B. „Ich lache nie über unanständige Witze") oder bestimmte Sachverhalte werden mit anderen Worten wiederholt abgefragt.

Fragearten hinsichtlich Fragetechnik

Offene Fragen: Hier soll der Befragte eine Antwort selbst formulieren, er erhält keine Antworthilfen.

Beispiel: „Wie gefällt Ihnen das Fernsehprogramm des Privatsenders RTL?"

Um die Beantwortung offener Fragen besser „steuern" zu können, wurde die **Satzergänzungsfrage** entwickelt. Diese gilt als Sonderform der offenen Frage.

Beispiel: „Wenn ich RTL einschalte, dann stört es mich sehr, dass _____."

Geschlossene Fragen: Hier muss sich der Befragte für eine oder mehrere vorformulierte Antwortmöglichkeiten entscheiden. Geschlossene Fragen können unterschiedlich ausgestaltet werden:

■ **Alternativfrage:**[1] Der Befragte muss sich zwischen zwei vorgegebenen Antwortmöglichkeiten entscheiden. Dabei werden auch die Fragen als Alternativfragen eingeordnet, die dem Befragten zusätzlich eine Ausweichmöglichkeit einräumen wie zum Beispiel „weiß nicht" oder „keine Meinung".

Beispiel: „Halten Sie Frankreich für ein gutes Urlaubsland?   ☐ Ja   ☐ Nein   ☐ Weiß nicht"

■ **Alternativfrage als Dialogfrage:** Der Befragte muss bei einem vorgegebenen fiktiven Dialog entweder einer Position oder gar nicht zustimmen.

---

1 Alternative: Möglichkeit oder Notwendigkeit der Entscheidung zwischen zwei sich ausschließenden Möglichkeiten, auch eine dieser Wahlmöglichkeiten selbst.

Beispiel: Die Kunden Müller und Krause unterhalten sich. Müller sagt: „Beim PC-Kauf achte ich nur noch auf den Preis." Krause erwidert: „Das sehe ich anders. Meine Kaufentscheidung mache ich vom Service abhängig."

Wem würden Sie zustimmen? ☐ Müller ☐ Krause ☐ keinem von beiden

- **Mehrfachauswahlfrage mit einer Nennung:** Der Befragte soll aus mehreren vorgegebenen Antwortmöglichkeiten eine auswählen.

  Beispiel: „Welches Merkmal hat Sie an dem neuen Automodell zuerst angesprochen?
  - ☐ Design
  - ☐ Leistung
  - ☐ elektronische Assistenten
  - ☐ Preis
  - ☐ Fahreigenschaften"

- **Skalafrage:** Die Skala ist eine Sonderform der Mehrfachauswahlfrage mit einer Nennung: Auch hier soll der Befragte zwischen mehreren vorgegebenen Antwortmöglichkeiten eine auswählen. Die Antwortmöglichkeiten lassen sich jedoch auf einer Skala in eine Reihenfolge bringen und können, abhängig von der Art der Skala, mehr oder weniger präzise messen:

  Beispiel: „Wie zufrieden sind Sie mit Ihrem Auto?

☐ ++ oder:	☐ sehr zufrieden	oder:	☺	☺	☹
☐ +	☐ zufrieden				
☐ 0	☐ mal so, mal so				
☐ –	☐ eher unzufrieden				
☐ – –	☐ sehr unzufrieden				

  oder: sehr zufrieden ☐ ☐ ☐ ☐ ☐ ☐ ☐ ☐ ☐ gar nicht zufrieden"

- **Mehrfachauswahlfrage mit mehreren Nennungen:** Der Befragte kann mehrere Antwortmöglichkeiten auswählen. Eine Rangfolge der Antwortmöglichkeiten besteht nicht.

  Beispiel: „Welche dieser Getränke kaufen Sie gewöhnlich ein?
  - ☐ Mineralwasser
  - ☐ O-Saft
  - ☐ A-Saft
  - ☐ Limonade
  - ☐ Bier"

- **Hybridfragen:** Wird eine geschlossene Frage um eine offene Frage, die nur bei Bedarf zu beantworten ist, ergänzt, so handelt es sich um eine **„Hybridfrage"**.

  Beispiel: „Welche Artikel wünschen Sie sich zusätzlich in unserem Sortiment?
  - ☐ Heißgetränke
  - ☐ Kekse
  - ☐ Schokoladenartikel
  - ☐ andere: _____ "

Infotext: 12 Regeln der Fragebogenerstellung

§ 1 Jede Frage dient der Zielsetzung der Befragung.

Befragungen sind aufwendig und kostspielig. Es dürfen daher nur Fragen in den Fragebogen aufgenommen werden, die nachweislich dazu dienen, die Befragungsziele des Auftraggebers zu erreichen.

§ 2 Jede Frage ist leicht verständlich formuliert.

Der Entwickler des Fragebogens darf nicht davon ausgehen, dass der Befragte über denselben Kenntnishintergrund zum Thema verfügt. Außerdem ist der Befragte nicht mit der Fachsprache vertraut, die für den Entwickler des Fragebogens selbstverständlich ist.

Schlechtes Beispiel: „In welcher Größenordnung sollte der Hersteller dieses Produkt aus Ihrer Perspektive preislich positionieren?"

Gutes Beispiel: „Wie viel darf dieses Produkt aus Ihrer Sicht höchstens kosten?"

§ 3 Fragen dürfen nicht die Beantwortung nachfolgender Fragen erübrigen.

Häufig erübrigt sich eine Frage in Abhängigkeit von der Beantwortung der vorangegangenen Fragen.

Beispiel: Der Frage „Kaufen Sie Lebensmittel in Konserven?" folgt die Frage „Wie viel geben Sie durchschnittlich pro Woche für Konserven aus?". Wurde die erste Frage mit „Nein" beantwortet, erübrigt sich die zweite Frage.

Bei Auftreten dieses Problems sollten Filterfragen eingesetzt werden.

§ 4 Jede Frage bezieht sich auf nur einen Sachverhalt.

Sowohl bei der Beantwortung als auch bei der Auswertung schleichen sich sonst Ungenauigkeiten ein.

Schlechtes Beispiel: „Wurden Sie von unseren Verkäufern freundlich und qualifiziert bedient?"

Gutes Beispiel: „Ich erlebte die Verkäufer als ☐ höflich ☐ qualifiziert ☐ usw."

§ 5 Jede Frage ist grundsätzlich neutral formuliert, sodass der Befragte nicht beeinflusst wird.

Schlechtes Beispiel: „Sind auch Sie der Meinung, dass Zigaretten besser nicht im Supermarkt verkauft werden sollten?" (Suggestivfrage[1])

Gutes Beispiel: „Welcher der folgenden Aussagen würden Sie zustimmen?
☐ Zigaretten sollten weiterhin im Supermarkt verkauft werden.
☐ Zigaretten sollten nicht im Supermarkt verkauft werden."

§ 6 Geschlossene Fragen schließen keine sinnvollen Antworten aus.

Alle Antwortmöglichkeiten müssen ausreichend differenziert sein, um alle Antwortmöglichkeiten einzuschließen. Darüber hinaus können sie zu Hybridfragen (siehe „Fragetechniken" Seite 43) erweitert werden.

Schlechtes Beispiel: „Mit welchem Verkehrsmittel gelangen Sie zur Arbeit?
☐ Auto ☐ Bahn ☐ Fahrrad ☐ zu Fuß"

Gutes Beispiel: „Mit welchem Verkehrsmittel gelangen Sie zur Arbeit?
☐ Auto ☐ Bahn ☐ Fahrrad ☐ Motorrad ☐ zu Fuß
☐ Ich wohne bei meiner Arbeitsstätte ☐ andere: ..."

Merke: Sofern der Befragte aus gutem Grunde unsicher in seiner Antwort sein kann, müssen geschlossene Fragen eine Ausweichantwort wie „weiß nicht", „keine Meinung" usw. anbieten. Sonst wird der Befragte zu nicht zutreffenden Antworten gezwungen und das Ergebnis verfälscht.

---

1 Suggestivfrage: Frage, die eine bestimmte Antwort besonders nahe legt.

§ 7 Negative und positive Antwortmöglichkeiten bei geschlossenen Fragen halten sich die Waage.

Schlechtes Beispiel: „Wie hat Ihnen dieses Produkt gefallen?

☐ sehr gut   ☐ gut   ☐ zufriedenstellend   ☐ weniger gut"

Gutes Beispiel: „Wie hat Ihnen dieses Produkt gefallen?

☐ sehr gut   ☐ gut   ☐ durchschnittlich   ☐ weniger gut"
☐ überhaupt nicht"

§ 8 „Zustimmungsfragen" sind zu vermeiden.

Hintergrund ist das Problem, dass Befragte mit geringerem Selbstbewusstsein dazu neigen, einer Aussage – unabhängig vom Inhalt – zuzustimmen. Man geht davon aus, dass diese grundsätzliche „Zustimmungstendenz" eine Strategie vieler Menschen ist, Konflikte und Probleme zu vermeiden.

Schlechtes Beispiel: „Nehmen Sie zu folgender Aussage Stellung: Alkohol sollte im Supermarkt verkauft werden.

☐ stimme zu   ☐ stimme nicht zu"

Gutes Beispiel: „Welcher der folgenden Aussagen würden Sie zustimmen?
☐ Alkohol sollte im Supermarkt verkauft werden.
☐ Alkohol sollte nicht im Supermarkt verkauft werden."

§ 9 Fragen beziehen sich stets auf konkrete, objektive Sachverhalte

Fragen sollten sich immer auf konkrete und objektiv nachprüfbare Sachverhalte beziehen. Fragen nach Handlungsabsichten in der Zukunft haben wenig Aussagewert.
Antworten auf solche Fragen spiegeln oft nicht die Wirklichkeit wider, denn in vielen Fällen antwortet der Befragte unbewusst unwahr auf solche Fragen (sogenannte „Antwortverzerrungen"), da er sich durch Überzeugungen, Ideale oder Verklärungen selbst täuscht.

Schlechtes Beispiel: „Würden Sie zukünftig umweltfreundliche Haushaltsmittel kaufen?"

Gutes Beispiel: „Welche Haushaltsprodukte setzen Sie zurzeit ein?"

§ 10 Zu jedem komplexen Themenbereich werden mehrere Fragen gestellt.

Jeder wichtige Themenbereich sollte durch mehrere Fragen erschlossen werden („multiple Indikatoren"), die den Sachverhalt aus verschiedenen Richtungen beleuchten. Auf diese Weise wird die Wahrscheinlichkeit erhöht, dass die Antworten der Realität entsprechen.

§ 11 Dem Befragten darf nicht vermittelt werden, seine Meinung sei sozial unerwünscht.

Hintergrund ist das Problem, dass Befragte nicht ehrlich antworten, wenn sie glauben, dass ihre Antwort vom Interviewer oder Auftraggeber missbilligt wird. Gerade Personen mit geringem Selbstbewusstsein passen ihre Antworten den vermuteten Antworterwartungen des Interviewers an („soziale Erwünschtheit"). In solchen Fällen werden typischerweise indirekte Fragen eingesetzt.

Schlechtes Beispiel: „Essen Sie bei McDonald's?" (abhängig von der Persönlichkeit des Interviewers)

Gutes Beispiel: „Warum, glauben Sie, ist McDonald's so erfolgreich?"

§ 12 Demografische Fragen werden am Schluss gestellt.

Der Befragte teilt ungern Informationen zu seiner Person mit, solange er den Fragebogen nicht kennt. Werden demografische Fragen zu Beginn eines Interviews gestellt, so kann das zum Abbruch des Interviews oder zur bewusst unwahren Beantwortung von Fragen führen.

3   Festlegen des Auswahlverfahrens

Nun muss die Careli GmbH entscheiden, welche Personen befragt werden sollen, um ein möglichst repräsentatives Ergebnis zu erhalten. Dazu ist ein entsprechendes Auswahlverfahren festzulegen.

ARBEITSAUFTRÄGE

1. Verständigen Sie sich mit dem Auftraggeber auf die Anzahl der zu befragenden Personen.

   Anzahl der zu befragenden Personen:

2. Prüfen Sie, ob eine Vollerhebung infrage kommt und begründen Sie Ihre Meinung.

   _____

   _____

   _____

   _____

3. Sie sollen für diese Befragung eine Teilerhebung durchführen. Entscheiden Sie sich für ein konkretes Verfahren und begründen Sie Ihre Meinung.

   _____

   _____

   _____

   _____

   _____

   _____

   _____

   _____

Infotext: Auswahlverfahren[1]

Repräsentativität

Eine Marktforschungsmaßnahme sollte so repräsentativ wie möglich sein, das bedeutet, ihre Ergebnisse sind auf die Allgemeinheit übertragbar. Wird beispielsweise eine Befragung zur Zufriedenheit mit den politischen Parteien durchgeführt, so wird das Ergebnis nicht repräsentativ sein, wenn ausschließlich Arbeitslose befragt werden. Entsprechend müssen bei der Auswahl der zu befragenden Personen möglichst repräsentative Verfahren angewandt werden. Die vielfach im Fernsehen gezeigten Befragungen beliebig ausgewählter Passanten auf der Straße („Sandra Schmidt") werden diesem Anspruch nicht gerecht. Im Folgenden werden repräsentative Auswahlverfahren vorgestellt:

Vollerhebung

Eine Vollerhebung liegt vor, wenn alle Elemente einer betrachteten Grundgesamtheit befragt werden. Dabei umfasst die Grundgesamtheit alle Menschen, über die etwas herausgefunden werden soll (z.B. alle Schüler einer Schule zur Schulcafeteria). Die größte und bekannteste Vollerhebung ist die „Volkszählung", bei der jeder Haushalt in Deutschland bzw. Europa befragt wird. Die Vollerhebung ist für die Marktforschungspraxis in den meisten Fällen zu aufwendig.

Teilerhebung

Bei der Teilerhebung wird aus der Grundgesamtheit lediglich eine kleine, möglichst repräsentative „Stichprobe" (Sample) gezogen, die ein realistisches Abbild der Gesamtmasse sein soll. Sie gilt dann als repräsentativ, wenn sie bei der Verteilung der zu erforschenden Merkmale der Grundgesamtheit entspricht. Folgende Arten der Teilerhebung sind zu unterscheiden:

- **Zufallsauswahl:** Das Verfahren ist so angelegt, dass der Zufall darüber entscheidet, ob ein Element in eine Stichprobe aufgenommen wird. Dabei muss jedes Element der Grundgesamtheit eine berechenbare Chance haben, in die Stichprobe aufgenommen zu werden:

  - **Einfache Zufallsauswahl:** Jedes Element der Grundgesamtheit wird unmittelbar aus der Grundgesamtheit gezogen. Dabei haben alle Elemente die gleiche Chance, in die Stichprobe zu gelangen. Beispiele sind das Urnenprinzip (Lottozahlen), Zufallszahlentabellen, Schlussziffernverfahren (z.B. von Postleitzahlen oder Telefonnummern), Buchstabenauswahl (z.B. Anfangsbuchstabe des Nachnamens).
  - **Geschichtete Zufallsauswahl:** Die Grundgesamtheit wird zunächst in mehrere homogene Untergruppen (Schichten) aufgeteilt, von denen anschließend per Zufallsauswahl gewählt wird. Dieses Verfahren bietet sich an, wenn sich eine heterogene Grundgesamtheit aus homogenen Teilgruppen (z.B. Einkommensgruppen, Altersgruppen, Unternehmensgrößen) zusammensetzt.
  - **Klumpenauswahl:** Aus der Grundgesamtheit werden per Zufallsauswahl natürlich vorliegende Gruppen von Elementen („Klumpen", z.B. Betriebe, Planquadrate eines Stadtteils) ausgewählt, innerhalb derer anschließend eine Vollerhebung durchgeführt wird. Dabei muss gewährleistet sein, dass diese Klumpen in sich heterogen sind und damit der Grundgesamtheit entsprechen.

- **Bewusste Auswahl:** Statt des Zufalls entscheiden hier die Forscher nach sachlichen Gesichtspunkten darüber, welche Elemente in die Stichprobe aufgenommen werden:

  - **Konzentrationsauswahl:** Die Forscher wählen für die Stichprobe solche Elemente aus, die ihnen mit Blick auf das Marktforschungsziel besonders wichtig erscheinen (z.B. alle DAX-Unternehmen).
  - **Quotenauswahl:** Die Auswahl der Stichprobenelemente wird hinsichtlich der Verteilung relevanter Merkmale (z.B. Alter, Geschlecht) proportional zur Grundgesamtheit vorgenommen. Die ausgewählte Stichprobe spiegelt die Häufigkeitsverteilung der relevanten Merkmale in der Realität wider.

  Beispiel: Es sollen 500 Bürger im Alter von 30 Jahren zu ihren Ernährungsgewohnheiten befragt werden, die Geschlechterquote soll repräsentativ sein. Da das Verhältnis von Frauen zu Männern in Deutschland rund 51 zu 49 beträgt, sind 255 Frauen und 245 Männer zu befragen.

---

[1] vgl. Berekoven, L.; Eckert, W.; Ellenrieder, P.: Marktforschung – Methodische Grundlagen und praktische Anwendung, 10. Auflage, Wiesbaden 2004, Seite 47 ff.

4 Auswerten der Befragungsergebnisse

Nun liegen die ausgefüllten Fragebögen der Konsumentenbefragung vor und können ausgewertet werden. Careli wünscht die Befragungsergebnisse in Form einer Marktforschungsstudie und einer Präsentation für die Marketingabteilung.

ARBEITSAUFTRÄGE

1. Werten Sie die Ergebnisse Ihrer Befragung mithilfe des nachfolgenden Infotextes aus. Gehen Sie dazu Schritt für Schritt vor.

2. Erstellen Sie anschließend die Ergebnispräsentation für den Auftraggeber mit folgender Gliederung:

> 1 Befragungsanlass und Befragungsziele
> 2 Fragebogen
> 3 Auswahlverfahren
> 4 Befragungsergebnisse
> 5 Empfehlungen

Bearbeitungshinweise

Zu 1 Befragungsanlass und Befragungsziele:

Nachvollziehbare Angaben dazu, warum die Befragung durchgeführt wurde und was genau mit der Befragung erreicht werden sollte

Zu 2 Fragebogen:

Begründete Erläuterung der Struktur und der einzelnen Fragen des Fragebogens

zu 3 Auswahlverfahren:

Nachvollziehbare Begründung des Auswahlverfahrens und seiner konkreten Ausgestaltung mit Blick auf die höchstmögliche Repräsentativität

Zu 4 Ergebnisse:

Vorstellen der wichtigsten Diagramme mit nachvollziehbaren und logisch plausiblen Erläuterungen der jeweiligen Hauptaussagen

Zu 5 Empfehlungen:

Ableiten von Empfehlungen für den Auftraggeber aus den Befragungsergebnissen

Infotext: Auswerten der Fragebögen

Schritt 1: Überprüfen der Fragebögen

Zunächst sind die vorliegenden Bögen daraufhin zu überprüfen, ob alle Fragebögen vollständig vorliegen und korrekt ausgefüllt wurden und damit gültig sind.

Schritt 2: Planen der Diagramme

Nun werden die zu erstellenden Diagramme skizziert, um die Fragebögen zielgerichtet auszählen zu können. Dabei können Einzelantworten in Klassen eingeteilt werden (z. B. Altersklassen: „25–29 Jahre, 30–45 Jahre" oder „Sonstige"). Prüfen Sie auch, ob Sie Diagramme in ihrer Aussagefähigkeit steigern können, indem Sie Antworten in einen Zusammenhang mit demografischen Daten bringen.

Beispiel: Schulnoten einer Klausur in Abhängigkeit vom Geschlecht:

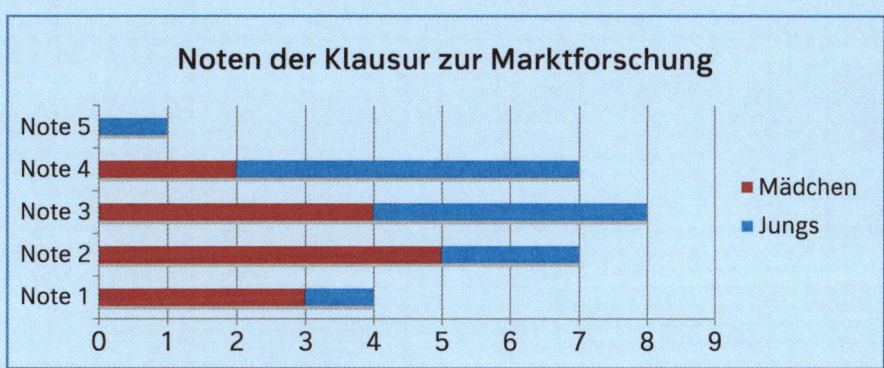

Schritt 3: Kontrolle der geplanten Diagramme

Überprüfen Sie jede Diagrammskizze sorgfältig hinsichtlich:

- **Zielführung:** Trägt das Diagramm zur Erreichung der Befragungsziele bei?
- **Aussagefähigkeit:** Wird die Kernaussage durch das ausgewählte Diagramm deutlich?
- **Plausibilität:** Ist die Aussage logisch plausibel und nachvollziehbar?

Schritt 4: Auszählen der Antworten

Nun kann die eigentliche Auszählung beginnen. Diese kann mit einem Statistikprogramm oder einem Tabellenkalkulationsprogramm vorgenommen werden. Nutzen Sie die „ZÄHLENWENN"-Funktion.

Schritt 5: Erstellen der Diagramme

Erstellen Sie nun die endgültigen Diagramme. Achten Sie dabei besonders auf:

- **Diagrammtitel:** Wird die Kernaussage auf den Punkt gebracht?
- **Achsenbeschriftungen:** Sind die Achsenbeschriftungen und Legenden zutreffend?
- **Lesbarkeit:** Sind alle Beschriftungen lesbar?

Schritt 6: Erläutern der Diagramme

Für jedes Diagramm sind die wichtigsten Kernaussagen in einfachen Worten zusammenzufassen.

Schritt 7: Ableiten von Empfehlungen

Abschließend sind konkrete Empfehlungen für den Auftraggeber abzuleiten. Dabei ist darauf zu achten, dass diese Empfehlungen auch wirklich aus Ihren Befragungsergebnissen gefolgert werden können und dass sie in sich plausibel sind.

5 Analysieren der Wettbewerbsprodukte

Die neue Tasche kann am Markt nur erfolgreich sein, wenn sie aus Sicht der Kunden deutliche Vorteile gegenüber den bereits am Markt befindlichen Produkten der Wettbewerber hat. Aus diesem Grund sollen Stärken und Schwächen der Wettbewerbsprodukte in Form eines Stärken-Schwächen-Profils grafisch dargestellt und analysiert werden.

ARBEITSAUFTRAG

Entwickeln Sie für fünf Ihnen bekannten Schul- und Freizeittaschen jeweils ein Stärken-Schwächen-Profil. Beachten Sie, dass der Preis kein Bewertungskriterium ist.

Produkt:	Zielgruppe:				
Wettbewerber (Hersteller)					
Produktname					
Durchschnittspreis im Einzelhandel					
Durchschnittspreis im Internet					
Krit. 1:					
Krit. 2:					
Krit. 3:					
Krit. 4:					
Krit. 5:					
Krit. 6:					
Auffällige Stärken:					
Auffällige Schwächen:					

Bewertungsmatrix

Produkt:	+ +	+	0	–	– –
K1:					
K2:					
K3:					
K4:					
K5:					
K6:					

Stärken-Schwächen-Profil

Infotext: Stärken-Schwächen-Profil

Sinn

Eine Stärken-Schwächen-Analyse macht deutlich, wo der Wettbewerber – aber auch das eigene Unternehmen – Stärken und Schwächen hat. Gewöhnlich untersucht man Wettbewerbsprodukte auf Schwächen, um Anhaltspunkte für die Entwicklung besserer Produkte zu bekommen. Ebenso werden auch die eigenen Produkte von den Wettbewerbern ständig analysiert.

Erstellung einer Stärken-Schwächen-Analyse in drei Schritten

Schritt 1 – Erfassen relevanter Bewertungskriterien: Zunächst soll überlegt werden, woraufhin die Produkte bewertet werden sollen. Dazu benennt man für alle Produkte gemeinsam gültige Bewertungskriterien. Tragen Sie in der Tabelle „Bewertungsmatrix" in der linken Spalte untereinander die aus Ihrer Sicht sechs wichtigsten Bewertungskriterien ein (s. u. Haarshampoo-Beispiel). Der Preis gilt nicht als Bewertungskriterium.

Schritt 2 – Einzelhandels- und Internetrecherche: Recherchieren Sie im Internet und in den Einzelhandelsgeschäften Ihrer Region, welches die aus Ihrer Sicht fünf wichtigsten Wettbewerbsprodukte auf dem Markt sind, und füllen Sie die Kopfzeile der ersten Tabelle entsprechend aus. Sehen Sie sich dort die einzelnen Produkte genau an und bewerten Sie diese nacheinander gemäß der von Ihnen vorgegebenen Kriterien mit folgenden Notensymbolen: + +, +, o, –, – –. Geben Sie getrennt nach Einzelhandel und Internet die betreffenden Preise an (siehe Beispiel Haarshampoo).

Produkt: Haarshampoo	Zielgruppe: Frauen ab 30				
Wettbewerber (Hersteller)	Hersteller 1	Hersteller 2	Hersteller 3	Hersteller 4	Hersteller 5
Produktname	Name 1	Name 2	Name 3	Name 4	Name 5
Durchschnittspreis im Laden	2,20 €	2,50 €	3,00 €	1,80 €	2,40 €
Krit. 1: Geruch	++	+	–	+	–
Krit. 2: Konsistenz	+	++	– –	+	– –
Krit. 3: Hautfreundlichkeit	– –	++	+	+	–
Krit. 4: Flaschendesign	+	– –	– –	++	+
Krit. 5: Dosierbarkeit	+	– –	++	+	–
Krit. 6: Handlichkeit	o	– –	++	–	++
auffällige Stärken:		angenehme Schäumung			
auffällige Schwächen:			geringe Haltbarkeit		

Bewertungsmatrix

Schritt 3 – Erstellung des Stärken-Schwächen-Profils: Nun werden die Bewertungskriterien aus der ersten in die zweite Tabelle übertragen und anschließend für jedes Wettbewerbsprodukt ein eigenes Stärken-Schwächen-Profil in Form einer Linie eingezeichnet. Dabei wird jedes Produkt in einer eigenen Farbe dargestellt. Am Ende müssen fünf farbige Linien (Produktprofile) eingezeichnet sein (siehe Beispiel).

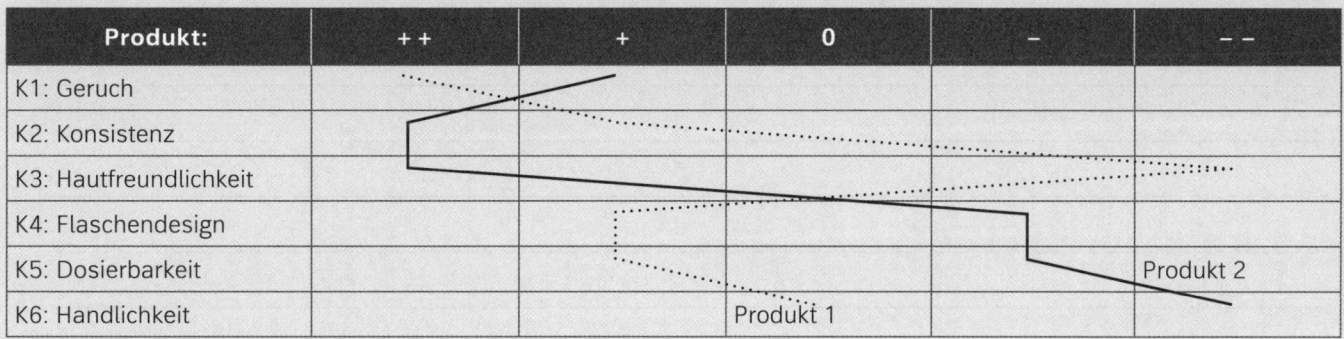

Produkt:	+ +	+	0	–	– –
K1: Geruch					
K2: Konsistenz					
K3: Hautfreundlichkeit					
K4: Flaschendesign					
K5: Dosierbarkeit					Produkt 2
K6: Handlichkeit			Produkt 1		

Stärken-Schwächen-Analyse

6 Ableiten von Empfehlungen für den Marketing-Mix

Mithilfe der Befragungsergebnisse und der Wettbewerbsanalyse können nun Schlussfolgerungen hinsichtlich Gestaltung und Vermarktung des Produkts („Marketing-Mix") abgeleitet werden.

ARBEITSAUFTRAG

Formulieren Sie in Stichworten die wichtigsten Schlussfolgerungen, die sich aus den Ergebnissen der Marktforschung logisch ableiten lassen:

Schlussfolgerungen aus der Befragung
für die Produktgestaltung
für die Preisgestaltung
für die Auswahl der Handelsgeschäfte/Internetshops
für die Gestaltung der Werbung

Schlussfolgerungen aus den Stärken-Schwächen-Profilen der Wettbewerbsprodukte

Kompaktwissen

!Abi

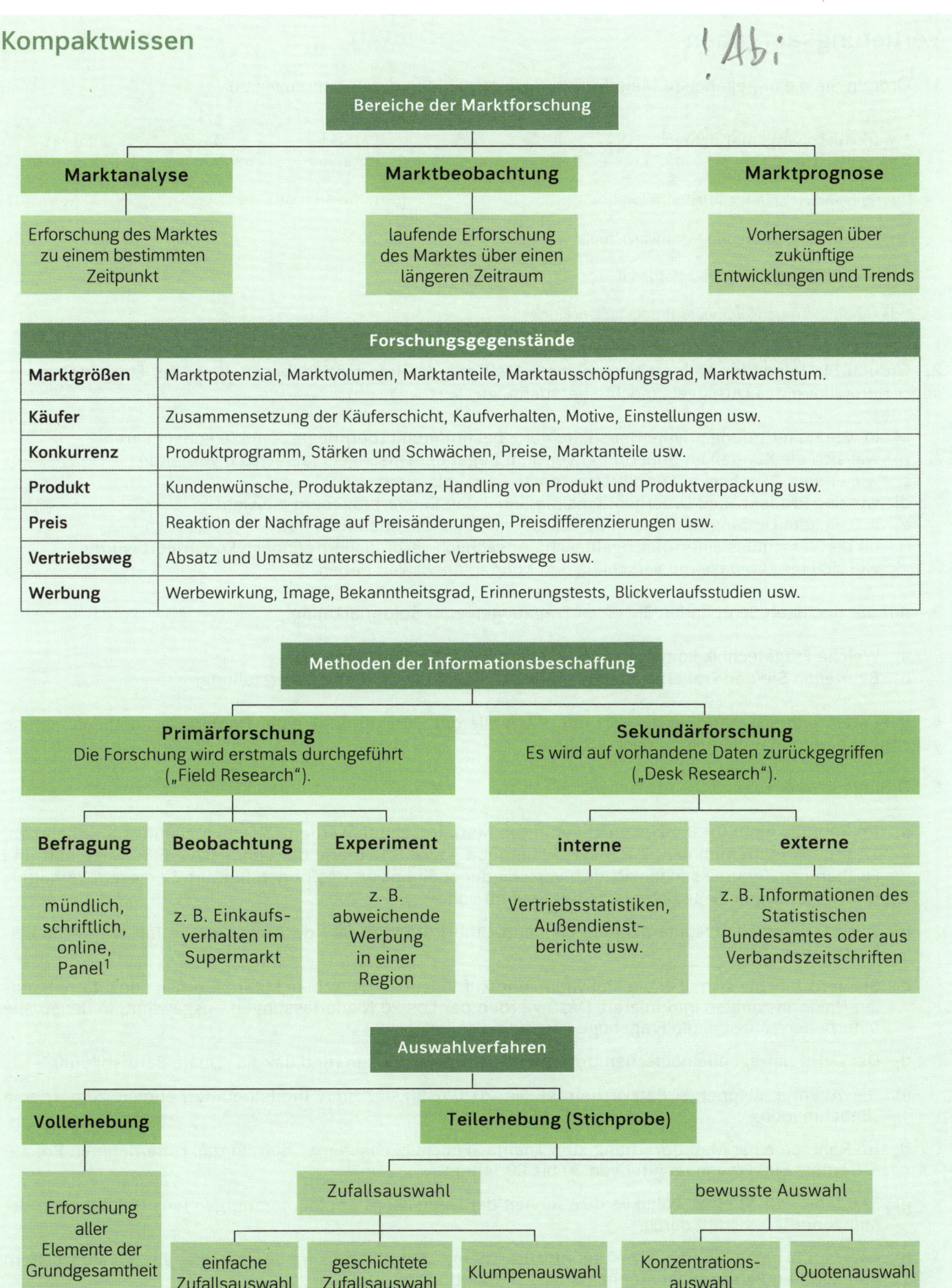

Bereiche der Marktforschung

Marktanalyse	Marktbeobachtung	Marktprognose
Erforschung des Marktes zu einem bestimmten Zeitpunkt	laufende Erforschung des Marktes über einen längeren Zeitraum	Vorhersagen über zukünftige Entwicklungen und Trends

Forschungsgegenstände

Marktgrößen	Marktpotenzial, Marktvolumen, Marktanteile, Marktausschöpfungsgrad, Marktwachstum.
Käufer	Zusammensetzung der Käuferschicht, Kaufverhalten, Motive, Einstellungen usw.
Konkurrenz	Produktprogramm, Stärken und Schwächen, Preise, Marktanteile usw.
Produkt	Kundenwünsche, Produktakzeptanz, Handling von Produkt und Produktverpackung usw.
Preis	Reaktion der Nachfrage auf Preisänderungen, Preisdifferenzierungen usw.
Vertriebsweg	Absatz und Umsatz unterschiedlicher Vertriebswege usw.
Werbung	Werbewirkung, Image, Bekanntheitsgrad, Erinnerungstests, Blickverlaufsstudien usw.

Methoden der Informationsbeschaffung

Primärforschung
Die Forschung wird erstmals durchgeführt („Field Research").

Sekundärforschung
Es wird auf vorhandene Daten zurückgegriffen („Desk Research").

Befragung	Beobachtung	Experiment	interne	externe
mündlich, schriftlich, online, Panel[1]	z. B. Einkaufsverhalten im Supermarkt	z. B. abweichende Werbung in einer Region	Vertriebsstatistiken, Außendienstberichte usw.	z. B. Informationen des Statistischen Bundesamtes oder aus Verbandszeitschriften

Auswahlverfahren

Vollerhebung

Erforschung aller Elemente der Grundgesamtheit

Teilerhebung (Stichprobe)

Zufallsauswahl

bewusste Auswahl

einfache Zufallsauswahl	geschichtete Zufallsauswahl	Klumpenauswahl	Konzentrationsauswahl	Quotenauswahl

---

1 Regelmäßige Befragung des Handels oder der Verbraucher zu ihrem Einkaufsverhalten. Dabei werden alle eingekauften Produkte erfasst.

Vertiefungsaufgaben

1. Ordnen Sie die angegebenen Marktforschungsmaßnahmen durch Ankreuzen zu:

Marktforschungsmaßnahme:	Markt-analyse	Markt-beobachtung	Markt-prognose
a) Halbjährlich erstelltes Handelspanel			
b) Angabe des erwarteten Marktwachstums im Folgejahr			
c) Jährlich erstelltes Verbraucherpanel			
d) Kundenbefragung vor einer Produktentwicklung			

2. Ordnen Sie folgenden Fällen eine geeignete Methode der Informationsbeschaffung zu. Ein mittelständischer Hersteller eines Duschgels möchte herausfinden,

- a) in welchem Umfang private Haushalte ganz bestimmte Körperpflegeprodukte konsumieren.
- b) wie sich die Kunden im Supermarkt vor dem Regal der Duschgels tatsächlich verhalten.
- c) wie er sein Duschgel am erfolgreichsten im Regal platziert.
- d) wie das Produkt- und Unternehmensimage bei den Endverbrauchern aussieht.
- e) in welchem Umfang Neurodermitis bei Jugendlichen zugenommen hat.
- f) ob der Verschluss einer Duschgelflasche tatsächlich verbraucherfreundlich konstruiert wurde.
- g) wie sich die Umsätze mit verschiedenen Kunden entwickelt haben.

3. Auf der nächsten Seite finden Sie einen Fragebogen zum Stadtmarketing.

- a) Welche Fragetechnik kommt bei den einzelnen Fragen zum Einsatz?
- b) Beurteilen Sie den Fragebogen mithilfe der 12 Regeln der Fragebogenerstellung.

4. Benennen und erläutern Sie die Vor- und Nachteile der Durchführung einer Primärforschungsmaßnahme gegenüber einer Sekundärforschungsmaßnahme.

5. Ordnen Sie das zugehörige Auswahlverfahren zu:

- a) Im Rahmen einer für Banken durchgeführten Marktforschung werden 75 Dienstleistungsunternehmen, 12 Industrieunternehmen, 7 Handwerksbetriebe sowie 5 Betriebe der Land- bzw. Forstwirtschaft und Fischerei zu Kenntnissen hinsichtlich verschiedener Finanzierungsformen befragt. In diesem Verhältnis (75:12:7:5) liegen diese Betriebe in der Realität vor.

- b) Das Marktforschungsunternehmen Demand GmbH ermittelt 500 deutsche Firmen mit dem Anfangsbuchstaben „M".

- c) Siemens möchte sich über die Motivation und Zufriedenheit bei seinen Mitarbeitern in den internationalen Niederlassungen informieren. Dazu werden per Los 20 Niederlassungen ausgewählt, in denen alle Mitarbeiter/-innen einen Fragebogen ausfüllen sollen.

- d) Der DIHK befragt alle deutschen Unternehmen zu Erfahrungen rund um die „Duale Berufsbildung".

- e) Die Agentur Klepper & Patzke befragt die 20 umsatzstärksten Industrieunternehmen zum Thema „Benchmarking".

- f) Im Rahmen einer Marktforschung zum Thema „Feuchtigkeitscreme" befragt das Unternehmen Procter & Gamble 500 Frauen im Alter von 30 bis 60 Jahren.

- g) RTL führt zum Thema „Politikverdrossenheit der Deutschen" am Montagmorgen eine Befragung in der Münchner Innenstadt durch.

- h) Beck's führt eine Mitarbeiterbefragung zum Thema „Mitarbeiterzufriedenheit" bei all den Mitarbeitern durch, deren Personalnummer mit einer „5" endet.

6. Nehmen Sie Stellung zu der These: „Marktforschung behindert Innovationen".

Fragebogen zu Arbeitsauftrag 3

Fragebogen zur Attraktivität der Bremer Innenstadt

Hinweise für den Interviewer: Bitte verhalten Sie sich bei der Beantwortung der Fragen völlig neutral. Begrüßen Sie den Befragten freundlich und fragen Sie ihn, ob er fünf Minuten Zeit für Sie hat.

1. Haben Sie schon einmal an einer Befragung teilgenommen?

   ☐ Ja   ☐ Nein

2. *Bitte ankreuzen, ohne zu fragen:* Geschlecht: ☐ weiblich   ☐ männlich

3. Wie alt sind Sie? Antwort: _____ Jahre

4. Wo wohnen Sie? Antwort: _____

5. Kennen Sie die Bremer Innenstadt?   ☐ Ja   ☐ Nein

6. Wie häufig in der Woche kommen Sie durchschnittlich in die Bremer Innenstadt?

   ☐ weniger als einmal   ☐ einmal   ☐ zweimal   ☐ dreimal   ☐ mehr als dreimal

7. Wie stehen Sie zu folgender Aussage: „Das Wichtigste an einer Innenstadt sind für mich die Einkaufsmöglichkeiten."

   ☐ stimme zu   ☐ stimme nicht zu   ☐ weiß nicht

8. Viele Leute finden die Innenstadt ungemütlich. Wie ist Ihre Meinung?

   ☐ Ich finde die Innenstadt ungemütlich   ☐ Ich finde die Innenstadt gemütlich   ☐ keine Meinung

9. Herr Rot und Frau Blau unterhalten sich. Herr Rot: „Jede Innenstadt braucht mindestens vier Großkaufhäuser, das verlangen die Leute. Sonst braucht man ja Ewigkeiten, um alles eingekauft zu haben." Frau Blau: „Großkaufhäuser sind nicht gut für die Atmosphäre einer Innenstadt. Die Bürger wollen eine gemütliche und schöne Innenstadt, in der sie sich wohlfühlen."

   Wem würden Sie zustimmen?   ☐ Herrn Rot   ☐ Frau Blau

10. Wie kommen Sie schnell und günstig in die Bremer Innenstadt?

    ☐ Auto   ☐ Bus   ☐ Bahn   ☐ Motorrad   ☐ Fahrrad   ☐ zu Fuß

    ☐ andere: _____

11. Wie beurteilen Sie die Parkplatzsituation der Bremer Innenstadt?

    _____

12. Nehmen Sie Stellung zu folgender Aussage: „Ich wäre fortan viel öfter in der Bremer Innenstadt, wenn es dort mehr schöne Gebäude und Grünflächen gäbe." (Kreuzen Sie bitte an).

    Stimme voll zu ☐ ☐ ☐ ☐ ☐ ☐ ☐ ☐ ☐ *Stimme nicht zu*

13. Bitte ergänzen Sie: „Für meinen Geschmack müsste in der Bremer Innenstadt _____

    _____

    _____

    _____ "

Vielen Dank für das Interview.

▰▰ E Produkt- und Programmpolitik

Praxisfall „Careli GmbH"

1   Entwickeln eines Produktkonzepts

Auf Grundlage der Marktforschungsergebnisse ist nun ein aussagefähiges Produktkonzept für die neue Schul- und Freizeittasche zu entwickeln. Das Konzept muss vom Geschäftsführer genehmigt werden und dient anschließend den Produktentwicklern als verbindliche Vorgabe.

ARBEITSAUFTRAG

Entwickeln Sie ein überzeugendes Produktkonzept für die neue Schul- und Freizeittasche mit folgendem Aufbau:

> **1** Anforderungen an das Produkt
> 1.1 Anforderungen aus Sicht der Kunden
> 1.2 Anforderungen aus Wettbewerbsgesichtspunkten
> 1.3 Anforderungen aus dem USP der Careli-Produkte
> **2** Entwurf Produktdesign (aussagefähige Zeichnungen)
> **3** Produktbeschreibung
> **4** Modellbezeichnung
> **5** Verpackung
>
> **Anlagen**
> - Ergebnisse der Befragung (relevante Diagramme mit Interpretation)
> - Stärken-Schwächen-Profile der Wettbewerbsprodukte
> - Brainstormingprotokoll und Eigenschaftsliste zur Produktgestaltung
> - Ausgefüllte Bögen der 6-3-5-Methode

Zu 1 Anforderungen:

1.1 leitet sich aus den Ergebnissen der Befragung ab
1.2 leitet sich aus den Stärken-Schwächen-Profilen der Wettbewerbsprodukte (Seite 50 f.) ab
1.3 leitet sich aus dem USP der Careli-Produkte (siehe Seiten 8, 34 f.) ab

Zu 2 Entwurf Produktdesign:

Bevor Sie anfangen, Entwürfe des neuen Produktdesigns zu zeichnen, führen Sie mithilfe des nachfolgenden Info-textes „Kreativitätstechniken" die Methode des Brainstormings und der Eigenschaftslisten durch.
Protokollieren Sie Ihre Ergebnisse und fügen Sie diese dem Konzept als Anlagen bei.

Zu 3 Produktbeschreibung:

Beschreiben Sie nachvollziehbar sämtliche Vorzüge Ihres neuen Taschenmodells.

Zu 4 Modellbezeichnung:

Jedes Modell benötigt zur eindeutigen Identifizierung einen geeigneten Namen. Dieser sollte

- mit positiven Assoziationen verbunden sein,
- leicht auszusprechen sein,
- gut einprägsam sein,
- unverwechselbar sein.

Entwickeln Sie vor diesem Hintergrund eine neue Modellbezeichnung mithilfe der 6-3-5-Methode, die ebenfalls im anschließenden Infotext erklärt wird. Die ausgefüllten 6-3-5-Bögen legen Sie als Anlagen dem Konzept bei.

Infotext: Kreativitätstechniken

Kreativitätstechnik Nr. 1: Brainstorming

Das Brainstorming („Gehirnsturm") ist das bekannteste und zugleich einfachste Verfahren. Es bietet sich überall dort an, wo man sich einem komplexen Problem durch vielfältige Anregungen und neuartige Ideen annähern möchte. Alle Teilnehmer/-innen sollen dabei ihre Ideen frei sprudeln lassen und nicht darüber nachdenken, ob ihr Beitrag vernünftig ist. Dabei ist von vorrangiger Bedeutung, dass Kritik und Alltagsverstand ausgesperrt bleiben. Auf diese Weise können durch unkontrollierte Assoziationen (eine Idee löst die nächste aus) völlig neue Lösungswege gefunden werden.

Folgende organisatorische Schritte sind nötig:

1. Das Ausgangsproblem wird klar umrissen und zuvor bekannt gegeben.
2. Die Teilnehmerzahl liegt zwischen 5 und 15 (möglichst ohne „Experten").
3. Die Brainstormingsitzung dauert zwischen 15 und 30 Minuten und findet am Morgen statt.
4. Die Beiträge werden mit Mikrofon oder durch einen Protokollanten aufgenommen.
5. Zu Beginn der Sitzung wird an die Brainstorming-Regeln erinnert.

Folgende Regeln gelten für alle Teilnehmer/-innen:

1. **Der Fantasie ist freier Lauf zu lassen:** Je ausgefallener die Idee, desto besser.
2. **Kritik ist nicht zugelassen:** Bewertungen und negative Kommentare sind streng verboten.
3. **Je mehr Ideen, desto besser:** Die große Zahl an Ideen erhöht die Wahrscheinlichkeit einer Lösung.
4. **Die Verknüpfung und Abänderung von Ideen ist erwünscht:** So können Ideen rasch weiterentwickelt und gegebenenfalls in ganz andere gedankliche Richtungen gelenkt werden.

Erst mehrere Tage im Anschluss an die Brainstormingsitzung werden die Ideen besprochen und bewertet sowie nützliche Anregungen herausgefiltert.

Kreativitätstechnik Nr. 2: Eigenschaftslisten (morphologische Methode)

Ein kreatives Verfahren, welches speziell zur Neuentwicklung oder Verbesserung von Produkten entwickelt wurde, ist die sogenannte Eigenschaftsliste. Sie führt dem Produktentwickler die Vielzahl der Gestaltungskombinationen vor Augen.

Dazu wird ein Produkt in seine Merkmale zerlegt. Das kann sehr grob, aber auch sehr differenziert geschehen. Ist das Produkt bereits am Markt, wird für jedes Produktmerkmal angegeben, wie die derzeitige Lösung aussieht. Daneben werden – für jedes Merkmal isoliert – alle möglichen Variationsmöglichkeiten angegeben. Ähnlich wie bei der Brainstorming-Methode darf zu diesem Zeitpunkt noch kein Vorschlag bewertet oder gar ausgeschlossen werden. Diese Diskussion wird erst später geführt.

Anschließend kann das Team alle möglichen neuen Merkmalskombinationen durchspielen, sodass ein völlig neues Produkt entsteht.

Ein Beispiel für den Relaunch eines Marmeladenglases kann folgendermaßen aussehen:

Merkmal	Merkmal-Varianten				
Form des Korpus	zylindrisch	sechseckig flach	sechseckig hoch	kugelförmig	oval
Material des Korpus	Glas	Kunststoff	Aluminium	Holz	Stein
Oberflächenbeschaffenheit des Korpus	glatt	rau	gewellt	gezackt	matt
Farbe des Korpusmaterials	transparent	rot	schwarz	orange	gelb
Material des Deckels	Blech	Kunststoff	Aluminium	Holz	Tuch
Farbe des Deckels	weiß	schwarz	transparent	rot	gelb
Beschriftung	Banderole	kleiner Aufkleber am Korpus	Deckeleinlage	Aufkleber auf Deckel	Gravur im Stein

Kreativitätstechnik Nr. 3: Die 6-3-5-Methode

Die 6-3-5-Methode gehört zur Gruppe der „Brain-Writing-Verfahren". Diese sollen unerwünschte Konflikte in Diskussionen vermeiden. Der Name der Methode ist Programm:

> 6 Teilnehmer schreiben jeweils 3 Ideen innerhalb von 5 Minuten auf.

Die 6 Teilnehmer sitzen im Kreis um einen Tisch herum. Jeder Teilnehmer erhält nun ein leeres 6-3-5-Formblatt (siehe Beispiel unten) und schreibt in die erste Zeile seine 3 Ideen zur Lösung des vorgegebenen Problems. Die Ideen sollen möglichst verschieden sein. Nach 5 Minuten werden alle Blätter im Uhrzeigersinn weitergegeben.

Nun sieht jeder, was der vorherige Teilnehmer aufgeschrieben hat, und lässt sich durch diese drei Ideen zu ebenfalls drei neuen Einfällen inspirieren, welche er in der zweiten Zeile direkt darunter einträgt. Die Einträge des vorherigen Teilnehmers sollen also als Anstoß für neue Einfälle dienen. Nach fünf Minuten wird das Blatt wieder im Uhrzeigersinn weitergegeben usw. Entsprechend dauert eine 6-3-5-Methodensitzung insgesamt 30 Minuten (6 x 5 Minuten) und liefert 108 Ergebnisse (6 Teilnehmerbögen x 3 Ideen x 6 Zeilen).

Beispiel:

6-3-5-Methode					
Problem: Entwicklung eines Produktnamens für eine Diät-Margarine					
Teilnehmer 1: Herr Müller Teilnehmer 2: Frau Schulze Teilnehmer 3: Frau Bertram			Teilnehmer 4: Herr Mielke Teilnehmer 5: Herr Heykendorf Teilnehmer 6: Frau Braun		
1.1 *Streich fit*		1.2 *Kalorien-Stopp*		1.3 *Greif zu*	
2.1 *Bleib fit*		2.2 *Fett-Stopp*		2.3 *Du darfst*	
3.1 *Bleib wie du bist*		3.2		3.3	
4.1		4.2		4.3	
5.1		5.2		5.3	
6.1		6.2		6.3	

2 Gestalten eines Prototyps

Bevor das neue Produkt tatsächlich in Serie hergestellt werden kann, wird ein plastischer Prototyp („Dummy") angefertigt. In der Automobilindustrie beispielsweise wird das geplante Auto zunächst aus einem leicht formbaren Kunststoff modelliert und anschließend lackiert wie ein echtes Auto. Damit können sich verantwortliche Entscheidungsträger im Marketing ein besseres Bild von dem neuen Produkt machen.

ARBEITSAUFTRAG

Gestalten Sie nun ein plastisches Modell auf Grundlage des vorliegenden Produktkonzepts. Versuchen Sie dabei auch, die in den Entwürfen vorgesehene Innengestaltung umzusetzen.
Als Materialien bieten sich an:

- Klebmaterialien: Plastikfolie, Papier, Zeichenkarton
- Nähmaterialien: Leder, Kunststoff, textile Stoffe

Fotografieren Sie anschließend Ihren Dummy und kleben Sie das Foto hier ein:

3 Markieren des Produkts

Im Hause Careli gibt es eine Auseinandersetzung über die zukünftige Markenstrategie: Der neue Geschäftsführer denkt auch mit Blick auf eine zukünftige internationale Vermarktung darüber nach, die Produkte langfristig nicht mehr unter der Herstellermarke „Careli" zu vermarkten, sondern möglicherweise die einzelnen Produkte oder ganze Produktfamilien als eigene Marken zu führen. Das könne die Vermarktung der einzelnen Produktgruppen erleichtern. Außerdem habe in den letzten Wochen eine große Warenhauskette Interesse an einer Vermarktung der Careli-Produkte unter einer eigenen Handelsmarke geäußert.

Da zu dieser Frage im Hause Careli sehr unterschiedliche Auffassungen bestehen, soll darüber auf höchster Ebene (Geschäftsführung und Marketingleitung) in einer Besprechung diskutiert werden. Der Leiter der Marketingabteilung, Dr. Hanisch, möchte aber vermeiden, dass die Besprechung ohne Grundlage geführt wird, und verlangt ein ausführliches Gutachten, in dem alle Pro- und Kontra-Argumente für die möglichen Markenstrategien aufgeführt werden und ein begründetes Fazit abgeleitet wird.

ARBEITSAUFTRAG

Verfassen Sie im Folgenden ein solches Gutachten für Careli. Überlegen Sie dazu mithilfe des nachfolgenden Infotextes die jeweiligen Pro- und Kontra-Argumente für bzw. gegen folgende Markenstrategien:

- Produktmarke als Herstellermarke
- Familienmarke als Herstellermarke
- Dachmarke als Herstellermarke
- Handelsmarke (soll nicht differenziert werden)

Ziehen Sie anschließend ein begründetes Fazit. Achten Sie darauf, dass Ihr Text als Argumentationshilfe in einer Besprechung klar strukturiert und schlüssig in der Argumentation sein muss.

_____

_____

_____

_____

_____

_____

_____

_____

_____

_____

_____

_____

_____

_____

_____

_____

_____

_____

_____

Infotext: Marke

Markenbegriff

Kaufmännische Definition: „Marken sind Vorstellungsbilder in den Köpfen der Anspruchsgruppen, die eine Identifikations- und Differenzierungsfunktion übernehmen und das Wahlverhalten prägen."[1]

Juristische Definition: „Als Marke können alle Zeichen, insbesondere Wörter einschließlich Personennamen, Abbildungen, Buchstaben, Zahlen, Hörzeichen, dreidimensionale Gestaltungen einschließlich der Form einer Ware oder ihrer Verpackung sowie sonstige Aufmachungen einschließlich Farben und Farbzusammenstellungen geschützt werden, die geeignet sind, Waren oder Dienstleistungen eines Unternehmens von denjenigen anderer Unternehmen zu unterscheiden."[2]

Markenzeichen

Bedeutung

Eine Marke soll einem Produkt oder einer Dienstleistung ein klares und unverwechselbares Vorstellungsbild („Markenimage") verleihen, welches sich fest in den Köpfen der Konsumenten verankert und ein tiefes Vertrauen in eine gleichbleibende Produktqualität aufbaut.

Beispiel: Kein Tourist hat Bedenken, in einem Dorf im marokkanischen Hinterland eine ungeprüfte braune Flüssigkeit zu trinken, die aus einer Flasche stammt, auf der „Coca-Cola" steht.

Erfolgreiche Marken werden von den Kunden aktiv nachgefragt und erlauben es vielen Unternehmen, höhere Preise durchzusetzen. Beispielsweise ist Markenware im Lebensmittelhandel oftmals um die Hälfte teurer als Nachahmungsprodukte.[3] Darüber hinaus lässt sich ein positives Markenimage auf weitere Produkte übertragen. Aus diesen Gründen ist eine erfolgreiche Marke für das Unternehmen von hohem Wert. Ein amerikanischer Unternehmer sagte einmal dazu, dass ein Großbrand einem Unternehmen kaum schaden könne, so lange die Marke in den Köpfen der Kunden sei.

Markierung und Markenstrategien

Das Vergeben einer Marke wird als „Markieren" („Branding") bezeichnet. Grundsätzlich lassen sich folgende Markenstrategien unterscheiden:

Markenstrategien		
	als Herstellermarke	**als Handelsmarke**
Produktmarke	Der Hersteller vergibt die Marke für ein einzelnes Produkt und bleibt selbst im Hintergrund **Beispiel:** Persil (von Henkel)	Der Händler vergibt die Marke für ein einzelnes Produkt und bleibt selbst im Hintergrund. **Beispiel:** Tandil (von Aldi)
Familienmarke	Der Hersteller vergibt die Marke an eine Produktfamilie und bleibt selbst im Hintergrund. **Beispiel:** Nivea (von Beiersdorf)	Der Händler vergibt die Marke an eine Produktfamilie und bleibt selbst im Hintergrund. **Beispiel:** Sun Ozon (von Rossmann)
Dachmarke	Der Hersteller vermarktet jedes Produkt unter einer gemeinsamen Dachmarke. **Beispiel:** BMW	Der Händler vermarktet jedes Produkt unter einer gemeinsamen Dachmarke. **Beispiel:** Ja! von REWE

---

1 Esch, F.-R.; Herrmann, A.; Sattler, H.: Marketing, 4. Auflage, München 2013, Seite 200
2 § 3 (Als Marke schutzfähige Zeichen), Abs. 1, Markengesetz (MarkenG)
3 vgl.: Die Welt, 23. Mai 2016

4   Aktualisieren des Produktprogramms

Die Careli GmbH hat die neue Tasche als erstes Produkt der neuen Produktlinie „young-line" in ihr Produktpro-gramm aufgenommen. Entsprechend muss das Produktprogramm nun aktualisiert werden.

ARBEITSAUFTRÄGE

Bearbeiten Sie untenstehende Aufgaben mithilfe des nachfolgenden Infotextes.

1. Stellen Sie unter Berücksichtigung der Artikelliste auf Seite 9 die Breite und Tiefe des Produktprogramms der Careli GmbH grafisch dar.

2. Erläutern Sie anhand Ihrer Grafik die Begriffe Programmbreite und Programmtiefe.

_____

_____

_____

_____

3. Welche programmpolitische Entscheidung hat die Careli GmbH mit Aufnahme der neuen Schul- und Frei-zeittasche getroffen?

_____

4. Beurteilen Sie das Produktprogramm der Careli GmbH aus strategischer Sicht und leiten Sie begründete Vorschläge zur langfristigen Programmgestaltung ab. Berücksichtigen Sie dabei die Ergebnisse Ihrer strategi-schen Analysen (Kapitel B).

_____

_____

_____

_____

_____

_____

_____

Infotext: Programm- und Sortimentspolitik

Grundlagen

Die Gesamtheit der Produkte eines Herstellers wird als „Programm" bezeichnet, beim Handelsbetrieb spricht man dagegen von einem „Sortiment". Programm- bzw. sortimentspolitische Entscheidungen beziehen sich daher nicht auf einzelne Produkte, sondern auf Umfang und Struktur des gesamten Produktprogramms bzw. -sortiments des Unternehmens. Solche Entscheidungen können operativer wie auch strategischer Natur sein.

Kern- und Randprogramm/-sortiment

Die Gesamtheit der Hauptprodukte eines Anbieters bezeichnet man als „Kernprogramm" bzw. „Kernsortiment". Die Gesamtheit der Produkte, welche eine sinnvolle Ergänzung der Hauptprodukte darstellen, bezeichnet man als „Randprogramm" bzw. „Randsortiment".

Beispiel: Das Kernsortiment eines Fahrradhändlers besteht aus Fahrrädern, das Randsortiment umfasst Fahrradhelme, Fahrradschlösser, Ventile, Regenponchos usw.

Breite und Tiefe des Produktprogramms

- **Programmbreite (horizontal):** Die Breite des Produktprogramms wird durch die Anzahl der unterschiedlichen Produktlinien (Produktgruppen) bestimmt.
- **Programmtiefe (vertikal):** Die Tiefe des Produktprogramms wird durch die Anzahl der unterschiedlichen Produktausführungen bzw. Produktvarianten (Modelle, Artikel, Sorten) innerhalb der Produktlinien bestimmt.

Beispiel: Produktprogramm eines Fahrradherstellers

	Produktlinie 1 Standardfahrräder	Produktlinie 2 Rennräder	Produktlinie 3 Trekkingbikes	Produktlinie 4 Mountainbikes	Produktlinie 5 Hollandräder
Programmtiefe	Modell 1	Modell 1	Modell 1	Modell 1	Modell 1
	Modell 2	Modell 2	Modell 2	Modell 2	Modell 2
	Modell 3	Modell 3	Modell 3	Modell 3	Modell 3
	Modell 4	Modell 4	Modell 4		Modell 4
	Modell 5		Modell 5		
	Modell 6				
Programmbreite					

Programmpolitische Entscheidungen

Grundsätzlich sind folgende Arten von Programmentscheidungen zu unterscheiden:

Programmerweiterung: Aufnahme neuer Produkte bzw. Produktlinien:

- **horizontale Programmerweiterung:** Aufnahme neuer Produktlinien, das Produktprogramm wird breiter (im Beispiel: Aufnahme von E-Bikes).
- **vertikale Programmerweiterung:** Aufnahme zusätzlicher Modelle, das Programm wird tiefer (im Beispiel: Aufnahme eines neuen Mountainbike-Modells)

Programmbereinigung: Entfernung bestehender Produkte bzw. Produktlinien

- **horizontale Programmbereinigung:** Entfernung von Produktlinien, das Produktprogramm wird schmaler (im Beispiel: Entfernung der Produktlinie „Hollandräder").
- **vertikale Programmbereinigung:** Entfernung von Produktmodellen, das Programm wird flacher (im Beispiel: Entfernung eines Trekkingbike-Modells).

Gesucht ist ein markt- und unternehmensseitig ausgewogenes Produktprogramm. Dieses muss die Bedürfnisse der Kunden, aber auch die innerbetriebliche Ressourcen- und Kostensituation angemessen berücksichtigen.

Kompaktwissen

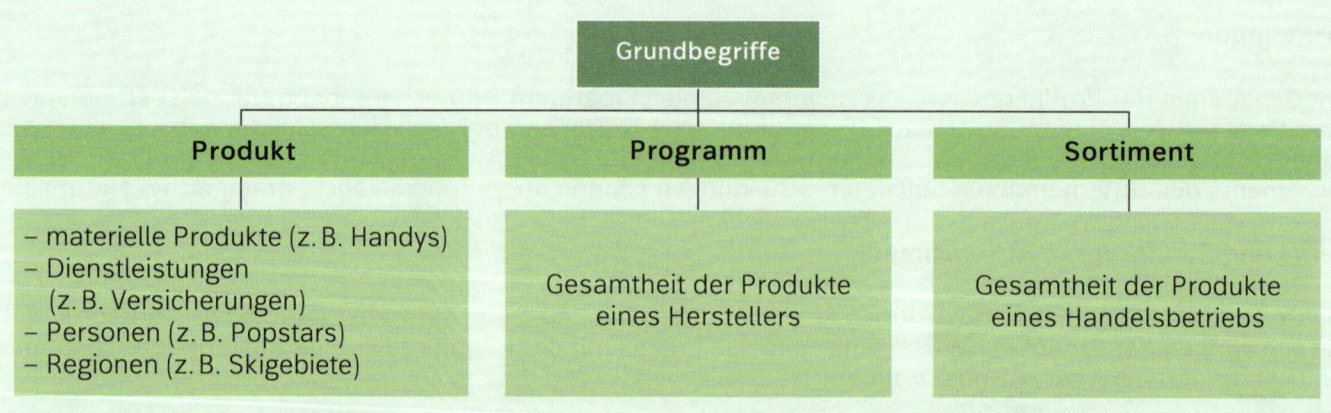

Grundbegriffe

Produkt	Programm	Sortiment
– materielle Produkte (z. B. Handys) – Dienstleistungen (z. B. Versicherungen) – Personen (z. B. Popstars) – Regionen (z. B. Skigebiete)	Gesamtheit der Produkte eines Herstellers	Gesamtheit der Produkte eines Handelsbetriebs

Produktpolitische Grundsatzentscheidungen

Entscheidung	Beschreibung	Phase im Produktlebenszyklus
Produktinnovation	Das Unternehmen entwickelt ein neues Produkt. Man unterscheidet Marktneuheiten (völlig neuartige Produkte) und Unternehmensneuheiten („Me-too-Innovationen").	Einführungsphase
Produkt-differenzierung	Ein bestehendes Produkt wird um zusätzliche Produktvarianten ergänzt, sodass der Kunde zwischen unterschiedlichen Produktausführungen wählen kann.	Reife- bzw. Sättigungsphase
Produktvariation	Ein bereits am Markt eingeführtes Produkt wird abgeändert („Relaunch", „Facelifting"), die Anzahl der angebotenen Produkte bleibt unverändert.	Reife- bzw. Sättigungsphase
Produkt-eliminierung	Das Produkt wird aus dem Produktprogramm bzw. Sortiment entfernt („eliminiert").	Degenerationsphase

Produktpolitische Detailentscheidungen

Produktgestaltung	Verpackungsgestaltung	Markierung[1]	Servicepolitik
– Funktion – Qualität – Design – Umweltverträglichkeit	– Werbeträgerfunktion – Verbrauchserleichterung – Einheitsverkaufsmenge – Transportschutz	– Produktmarke – Familienmarke – Dachmarke	– Kundendienst – Lieferleistungen – Garantieleistungen – Zusatzleistungen

Programm-/Sortimentspolitische Entscheidungen

Programmerweiterung	Programmbereinigung
• horizontal: Das Programm wird breiter. • vertikal: Das Programm wird tiefer.	• horizontal: Das Programm wird schmaler. • vertikal: Das Programm wird flacher.

---

1 Markenentscheidungen können auch dem strategischen Marketing zugeordnet werden („Markenstrategien").

Vertiefungsaufgaben

1. Benennen Sie folgende produktpolitische Grundsatzentscheidungen und ordnen Sie diese einer Phase des Produktlebenszyklus zu:

	Produktpolitische Maßnahme	Phase im Produktlebenszyklus
a) Ein Motorradhersteller stellt die Produktion eines nicht mehr verkäuflichen Modells ein.		
b) Ein Hersteller von Haushalts-artikeln bietet eine bewährte Kaffeemaschine fortan mit neuartigem Design an.		
c) Ein Pkw-Hersteller stattet sein Coupé zukünftig auch mit Ledersitzen aus.		
d) Ein Getriebehersteller bringt ein neuartiges Automatikgetriebe auf den Markt.		

2. Nennen Sie für jede der folgenden sechs Kombinationsmöglichkeiten ein Beispiel:

	Herstellermarke	Handelsmarke
Produktmarke		
Familienmarke		
Dachmarke		

3. Welche Vorteile hat eine erfolgreiche Marke für ein Unternehmen?

_____

_____

_____

4. Vergleichen Sie die Sortimente folgender Handelsgeschäfte hinsichtlich Breite und Tiefe und kreuzen Sie entsprechend an:

Einzelhändler	Sortimentsbreite		Sortimentstiefe	
	breit	schmal	flach	tief
Kaufhaus				
Tankstellen-Store				
Uhrenfachgeschäft				

5. Finden Sie für jede der vier Funktionen von Produktverpackungen ein Beispiel.

6. Diskutieren Sie folgende These: „Da sich das Marketing bei der Produktentwicklung an der Befriedigung von Kundenbedürfnissen orientiert, leistet es einen wichtigen Beitrag zur Zufriedenheit unserer Gesellschaft."

F Preis- und Konditionenpolitik

Praxisfall „Careli GmbH"

1   Analysieren der Nachfrage

Im Rahmen einer Befragung von 2.000 Schülern und Studenten (1.000 weibliche, 1.000 männliche) wurde die Frage gestellt: „Wie viel wären Sie bereit, für eine hochwertige und attraktiv gestaltete Schul- und Freizeittasche zu bezahlen?" Folgende Ergebnisse liegen vor:

Preis in €	120,00	110,00	100,00	90,00	80,00	70,00	60,00	50,00	40,00	30,00	20,00	10,00
weibliche Befragte	0	50	100	150	200	250	300	350	400	450	500	550
männliche Befragte	0	0	0	0	100	200	300	400	500	600	700	800

ARBEITSAUFTRÄGE

1. Zeichnen Sie die zugehörigen Nachfragekurven.

2. Wie groß wäre die jeweilige Nachfrage bei einem Taschenpreis von

	junge Frauen	junge Männer
105,00 €		
85,00 €		
60,00 €		
25,00 €		

3. Vergleichen und interpretieren Sie das Nachfrageverhalten von jungen Frauen und Männern. Wie unterscheidet sich die Preisempfindlichkeit beider Nachfragekurven?

4. Um herauszufinden, wie der Absatz und der Umsatz auf die Änderung von Taschenpreisen reagieren, soll einmal von einem Marktpreis von 30,00 € und einmal von einem Marktpreis von 70,00 € ausgegangen und eine Preisänderung von jeweils 10,00 € untersucht werden. Aus Gründen der Vereinfachung werden in dieser Aufgabe einheitliche Marktpreise unterstellt:

a) Zielgruppe junge Frauen:

Preisänderung von ... (€)	Preisänderung in %	Absatzände-rung in Stück	Absatzände-rung in %	Elastizität	Umsatzände-rung (€)
30,00 auf 40,00					
30,00 auf 20,00					
70,00 auf 80,00					
70,00 auf 60,00					

b) Zielgruppe junge Männer:

Preisänderung von ... (€)	Preisänderung in %	Absatzände-rung in Stück	Absatzände-rung in %	Elastizität	Umsatzände-rung (€)
30,00 auf 40,00					
30,00 auf 20,00					
70,00 auf 80,00					
70,00 auf 60,00					

c) Interpretieren Sie die Ergebnisse.

Infotext: Die Nachfrage

Einordnung

Das Marketing hat im Rahmen der Preispolitik vor allem die Aufgabe, die Preise der eigenen Produkte zu bestimmen. Dabei wird grundsätzlich auf drei Orientierungsgrößen zurückgegriffen:

- **Kunden:** Welchen Preis sind die Kunden (Nachfrager) bereit für das Produkt zu bezahlen?
- **Kosten:** Wie hoch sind die Kosten, die das Produkt verursacht?
- **Konkurrenz:** Welchen Preis verlangen die Wettbewerber?

Im Folgenden soll ausschließlich die Orientierungsgröße „Kunde" – genauer: das Nachfrageverhalten der Kunden, in Abhängigkeit vom Preis untersucht werden. Dabei stellt sich nicht nur die Frage, wie viel die Kunden für ein Produkt bereit sind zu zahlen, sondern auch, wie empfindlich sie auf Preisänderungen reagieren und was das für den Umsatz bedeutet.

Nachfragegesetz

Der Zusammenhang zwischen dem Preis eines Produkts und der nachgefragten Menge dieses Produktes ist Gegenstand der klassischen Preistheorie der Volkswirtschaft und wurde schon vor rund 200 Jahren untersucht. Das Ergebnis, das bis heute Gültigkeit hat, ist nicht überraschend und wird im sogenannten „Nachfragegesetz" zusammengefasst. Es lautet: *Je höher der Preis, desto geringer die Nachfrage." Alternativ: „Je geringer der Preis, desto höher die Nachfrage."*

Das Nachfragegesetz wird durch die „Nachfragekurve" ausgedrückt: Dabei handelt es sich im einfachsten Fall um eine linear fallende Funktion, welche die Preisachse in Punkt a (Prohibitivpreis, den keiner mehr zu zahlen bereit ist) und die Mengenachse im Punkt s (Sättigungsmenge) schneidet. Abhängig davon, wie hoch der Preis des betrachteten Produkts ist, lässt sich die nachgefragte Menge auf der Mengenachse ablesen. Die Nachfragemenge ist hier die abhängige und der Preis die unabhängige Variable. Sofern sich diese Betrachtung auf nur einen Anbieter beschränkt, so spricht man von der „Preis-Absatz-Funktion".

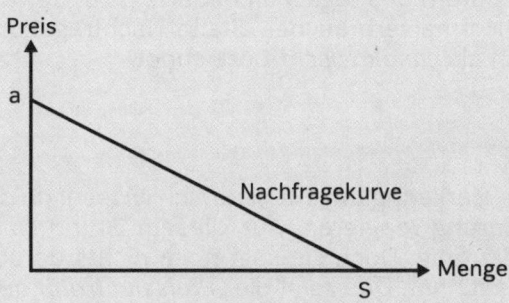

Um den Zusammenhang zwischen Preis und Nachfragemenge besser untersuchen zu können und nicht „Äpfel mit Birnen" vergleichen zu müssen, haben die Preistheoretiker beim Nachfragegesetz das **Modell des vollkommenen Marktes** unterstellt. Hier gilt:

- **Homogenität der Güter:** Betrachtet wird die Nachfrage nach einem homogenen (gleichartigen) Gut, Vorlieben der Kunden für bestimmte Marken oder Händler bleiben unberücksichtigt.
- **vollständige Markttransparenz:** Die Nachfrager haben die vollständige Marktübersicht.
- **unendlich hohe Reaktionsgeschwindigkeit:** Alle Nachfrager reagieren sofort auf Preisänderungen.

Aktienmärkte, Rohstoffmärkte und Devisenmärkte sind nahezu vollkommene Märkte. Aber auch die Gütermärkte nähern sich durch die Möglichkeiten des Internets dem theoretischen Modell des vollkommenen Marktes mehr und mehr an. Das Nachfragegesetz kennt, wie jede Regel, auch **Ausnahmen:**

- **Veblen-Effekt:** Einige Marktteilnehmer kaufen das Produkt bewusst umso eher, je höher sein Preis ist. Sie wollen sich damit von der breiten Masse abheben und ihren Status herausstellen.
- **Snob-Effekt:** Einige Nachfrager interessieren sich ausschließlich für exklusive Produkte. Der Preis spielt für sie überhaupt keine Rolle.
- **Giffen-Effekt:** Haushalte mit einem geringen Einkommen fragen ein Gut vermehrt nach, wenn sein Preis steigt.

Beispiel: Steigt der Preis für Dosenfisch, so können sie sich den Lachs am Wochenende nicht mehr leisten und kaufen vom eingesparten Betrag noch mehr Dosenfisch.

Preisempfindlichkeit der Nachfrage

Jede Marketingabteilung kennt das Nachfragegesetz, doch es sagt nichts darüber aus, wie empfindlich die Nachfrage auf Preisänderungen des jeweiligen Produkts reagiert. Diese „Preisempfindlichkeit der Nachfrage" wird durch die Steigung der Nachfragekurve ausgedrückt:

Ist die Nachfragekurve **flach,** führt eine bestimmte Preisveränderung zu einer überproportional großen Nachfrageänderung am Markt, die Nachfrage reagiert also „empfindlich" auf eine Preisänderung. Das gilt in aller Regel bei Luxusgütern (z. B. Zweitwagen oder Urlaubsreisen) für Normalverbraucher. Flache Nachfragekurven werden auch als *„elastisch"* bezeichnet.

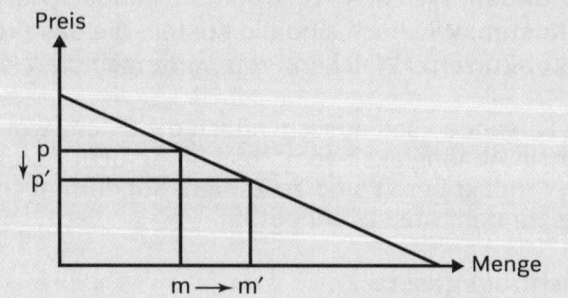

Ist die Nachfragekurve hingegen **steil,** führt dieselbe Preisveränderung nur zu einer sehr geringen Nachfrageänderung am Markt, die Nachfrage reagiert also „unempfindlich" auf eine Preisänderung. Das gilt in aller Regel bei Gütern des täglichen Bedarfs (z. B. Benzin oder Salz) für Normalverbraucher. Steile Nachfragekurven werden auch als *„unelastisch"* bezeichnet.

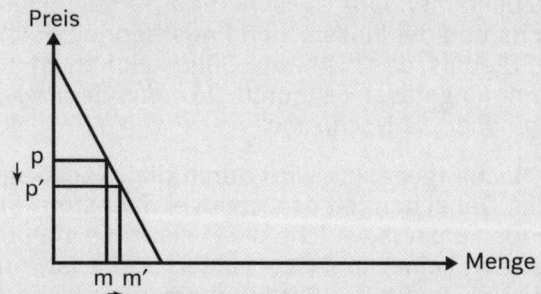

Das Marketing möchte natürlich wissen, ob die Nachfrager eher empfindlich oder unempfindlich auf eine Preisänderung reagieren. Aus diesem Grund ist die Steigung der Nachfragekurve für das Marketing von großer Bedeutung. Doch sie sagt noch nichts darüber aus, welche Auswirkung eine Preisänderung letztlich auf den Umsatz hat. Das zeigt die *„Preiselastizität der Nachfrage"* (im engeren Sinne), welche im Folgenden vorgestellt wird.

Preiselastizität der Nachfrage

Bei der „Preiselastizität der Nachfrage" handelt es sich um eine Kennzahl, welche Auskunft über die Auswirkung einer Preisänderung auf den Umsatz gibt. Sie ist folgendermaßen definiert:[1]

$$\text{Preiselastizität der Nachfrage } e = \frac{\text{prozentuale Mengenänderung}}{\text{prozentuale Preisänderung}} \cdot (-1)$$

Grundsätzlich gilt: Auf jeder linear fallenden Nachfragekurve gibt es drei Elastizitätsbereiche – unabhängig davon, welche Steigung die Kurve hat:

- elastischer Bereich (e > 1)
- neutraler Bereich (e = 1)
- unelastischer Bereich (e < 1)

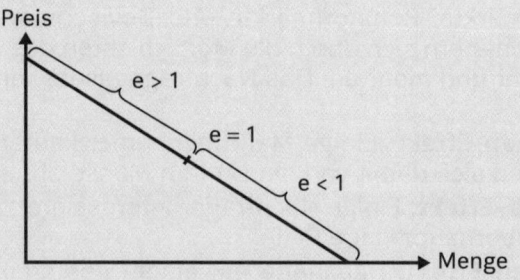

Der obere Bereich der Kurve ist stets elastisch, der untere Bereich ist stets unelastisch, dazwischen ist die Kurve neutral.

---

1 Die Multiplikation mit –1 sorgt dafür, dass das Ergebnis stets ein positiver Wert ist (gewünscht).

Mithilfe dieser Preiselastizität lässt sich ganz allgemein für Preisänderungen vorhersagen:

	e > 1	e = 1	e < 1
Preiserhöhung	Umsatz sinkt	Umsatz bleibt konstant	Umsatz steigt
Preissenkung	Umsatz steigt	Umsatz bleibt konstant	Umsatz sinkt

Beispiel: Führt die Preissenkung einer Kamera von 100,00 € auf 95,00 € (−5 %) dazu, dass die Nachfrage-menge von 1.000 Stück auf 1.100 Stück (+ 10 %) ansteigt, so beträgt die Elastizität „2", diese Preissenkung würde zu einer Umsatzsteigerung (von 100.000,00 € auf 104.000,00 €) führen.

Die „Elastizität" im engeren Sinne bezieht sich also auf einen bestimmten Bereich auf der Kurve, unabhängig davon, ob sie flach („elastisch") oder steil („unelastisch") ist. Mit anderen Worten: Auch elastische (flache) Kurven haben einen unelastischen Bereich (unten) und auch unelastische (steile) Kurven haben einen elastischen Bereich (oben).

Nachfrage auf unvollkommenen Märkten

Bei den vorangehenden Überlegungen wurde das theoretische Modell des „vollkommenen Marktes" unterstellt. In der Realität sind aber viele Märkte unvollkommen: So haben viele Nachfrager sehr wohl bestimmte Präfe-renzen (Vorlieben) für bestimmte Marken oder Händler, kennen die Preise der Wettbewerber nicht und reagieren sehr langsam auf Preisänderungen.

Beispiel: Viele Nachfrager auf dem Markt für Mobiltelefone legen Wert darauf, ein iPhone von Apple zu besitzen und sind bereit, mehr für diese Marke zu bezahlen als für Wettbewerbsprodukte.

Betrachtet man auf einem unvollkommenen Markt die Nachfrage aus Sicht eines Anbieters, so findet man oft-mals eine doppelt geknickte Preis-Absatz-Funktion vor: Diese hat im Hochpreisbereich den ganz normalen Verlauf. Ab einer bestimmten Preisschwelle wird sie steiler (unelastischer), bis eine untere Preisschwelle erreicht ist, danach verläuft sie wieder wie zuvor. Das lässt sich folgendermaßen erklären:

Bei extrem hohen und extrem geringen Preisen gilt auch hier das Nachfragegesetz. Dazwischen verläuft die Kurve deswe-gen so steil (unelastisch), weil einige Nachfrager genau diese Marke haben wollen und auch bereit sind, viel dafür zu bezahlen. Der Anbieter kann also innerhalb einer bestimm-ten Toleranz den Preis anheben, ohne in nennenswertem Ausmaß Kunden an die Wettbewerber zu verlieren. Da das sonst nur in Monopolen möglich ist, wird dieser Kurvenab-schnitt als „monopolistischer Bereich" bezeichnet

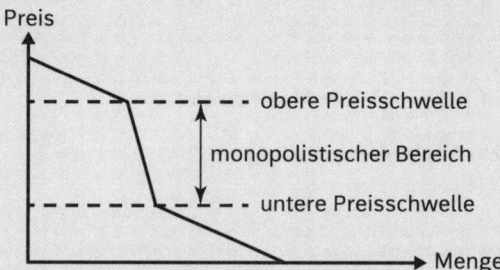

Aus diesem Grunde versuchen viele Anbieter, durch hohe Qualität und/oder ein bestimmtes Image Kundenprä-ferenzen für sich und ihre Produkte aufzubauen. Die damit verbundene Chance auf höhere Umsätze bezeichnet man als *„akquisitorisches Potenzial"*. Auf diese Weise können sich die Unternehmen einem Preiswettbewerb entziehen und höhere Preise am Markt durchsetzen.

2 Analysieren der Konkurrenzpreise

In einem zweiten Schritt sollen die Preise der Konkurrenz analysiert werden, damit die Careli GmbH sich mit realistischen Preisen am Markt positionieren kann. Zu diesem Zweck sind auf dem Markt für Schul- und Freizeittaschen die relevanten Konkurrenzprodukte zu identifizieren und deren Preise auf den durchschnittlichen Marktpreis und eine prozentuale Abweichung hin zu untersuchen.

ARBEITSAUFTRAG

Recherchieren Sie die Preise relevanter Wettbewerbsprodukte in Fachgeschäften und im Internet.

Analyse der Konkurrenzpreise			
Nr.	Marke	Durchschnittlicher Ladenpreis	Durchschnittlicher Internetpreis
1			
2			
3			
4			
5			
6			
7			
8			
9			
10			
Durchschnittlicher Marktpreis:			
Prozentuale Abweichung:		100 %	

3 Präsentieren einer Preisstrategie

In einer bevorstehenden Abteilungsbesprechung der Abteilung Marketing soll der Endverbraucherpreis der neuen Schul- und Freizeittasche bestimmt werden. Der Abteilungsleiter Dr. Hanisch erwartet dazu eine überzeugende Präsentation.

ARBEITSAUFTRAG

Erstellen Sie für die Leitung der Marketingabteilung eine kurze Überzeugungspräsentation, in der Sie einen konkreten Endverbraucherpreis herleiten und begründen. Arbeiten Sie dazu mithilfe des nachfolgenden Infotextes Antworten auf die unten aufgeführten Leitfragen heraus und begründen Sie jeweils Ihre Meinung. Die Kosten sollen an dieser Stelle noch unberücksichtigt bleiben.

Um die Leitung der Marketingabteilung zu überzeugen, sollte Ihre Präsentation gut nachvollziehbar und plausibel sowie möglichst bildhaft gestaltet sein.

Die Nachfrage

- Wer ist Ihre Zielgruppe?
- Wie schätzen Sie das Nachfrageverhalten Ihrer Zielgruppe ein? Berücksichtigen Sie dazu Ihre Erkenntnisse zu den Nachfragekurven junger Männer und Frauen.

Der Wettbewerb

- Welche Wettbewerbsprodukte würden Sie als wichtigste Konkurrenzprodukte einstufen?
- Wie sind diese Wettbewerbsprodukte preislich positioniert?

Die Preisstrategie

- Wie hoch sollte der Preis langfristig festgelegt werden?
- Sollte Careli aus Ihrer Sicht Preisabfolgestrategien einsetzen?
- Wie könnten Preisdifferenzierungsstrategien aussehen und welche Risiken sehen Sie dabei?
- Welche psychologischen Preisstrategien schlagen Sie vor?
- Wie sähe also aus Ihrer Sicht der konkrete Endverbraucherpreis aus?
- Wie kann der Einzelhandel motiviert werden, genau diesen Preis zu verlangen und nicht davon abzuweichen?

Infotext: Preisstrategien

Festpreisstrategien

Der Preis wird langfristig auf einem bestimmten Niveau festgelegt:

- **Mittelpreisstrategie (Durchschnittspreisstrategie):** Das Unternehmen bietet sein Produkt zu einem langfristig durchschnittlichen und damit „unauffälligen" Preis an. Dieser Preis wird von der Mehrzahl der Anbieter verlangt.

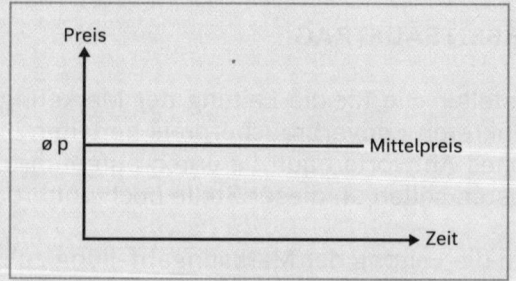

- **Hochpreisstrategie (Premiumpreisstrategie):** Das Unternehmen versucht, mithilfe einer beliebten Marke, einer hohen Produktqualität oder eines erfolgreichen Images einen dauerhaft überdurchschnittlich hohen Preis am Markt zu erzielen. Das Unternehmen geht davon aus, dass seine Kunden diesen Preis akzeptieren.

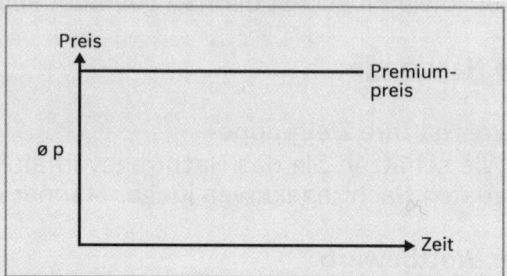

- **Niedrigpreisstrategie (Promotionspreisstrategie):** Dieser Preis liegt dauerhaft unterhalb des Durchschnittspreises und wird von den Kunden als besonders preiswert wahrgenommen. Entsprechende Kundenschichten fragen das Produkt in großer Zahl nach.

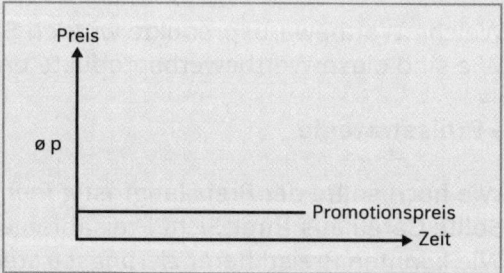

Preisabfolgestrategien

Der Preis wird im Zeitablauf gesenkt oder angehoben:

- **Abschöpfungspreisstrategie (Skimmingstrategie):** Bei dieser Strategie wird der Preis in der Einführungs- und ggf. Wachstumsphase im Produktlebenszyklus sehr hoch angesetzt und nach und nach gesenkt. Die Abschöpfungspreisstrategie wird oftmals dann eingesetzt, wenn das Unternehmen einen Vorsprung vor den Wettbewerbern hat und damit eine vorübergehende Monopolstellung am Markt genießt. In dem Maße, in dem die Wettbewerber das Unternehmen einholen, wird der Preis auf das langfristige Niveau gesenkt.

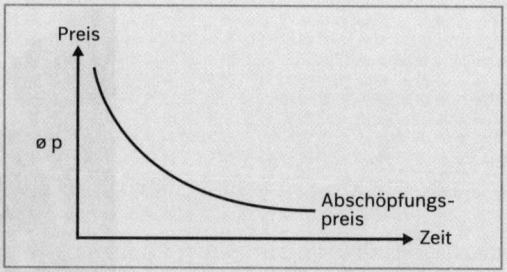

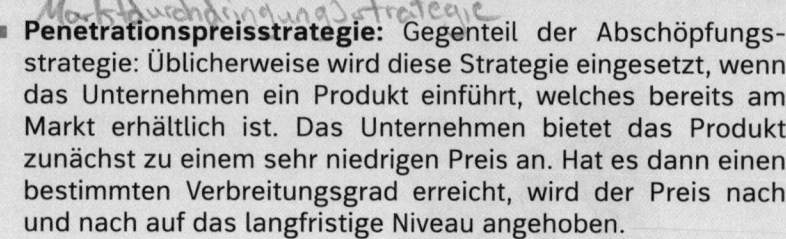

- **Penetrationspreisstrategie:** Gegenteil der Abschöpfungsstrategie: Üblicherweise wird diese Strategie eingesetzt, wenn das Unternehmen ein Produkt einführt, welches bereits am Markt erhältlich ist. Das Unternehmen bietet das Produkt zunächst zu einem sehr niedrigen Preis an. Hat es dann einen bestimmten Verbreitungsgrad erreicht, wird der Preis nach und nach auf das langfristige Niveau angehoben.

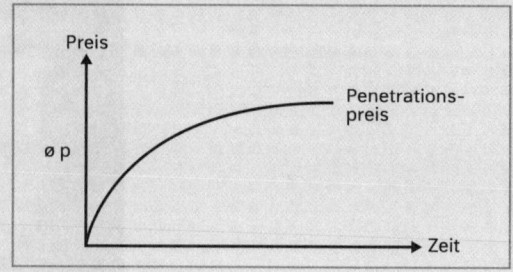

Preisdifferenzierungsstrategien

Preisdifferenzierungsstrategien dienen dem Zweck, durch unterschiedliche Preise für ein- und dasselbe Produkt den Gesamtumsatz zu erhöhen. Man unterscheidet:

- **Räumliche Preisdifferenzierung:** Der Preis des Produkts ist abhängig von der Region bzw. Nation.

  Beispiele: Unterschiedliche Pkw-Preise eines Herstellers in verschiedenen EU-Ländern, abweichende Immobilienpreise eines Bauunternehmers in Nord- und Süddeutschland

- **Zeitliche Preisdifferenzierung:** Das Produkt wird abhängig vom Zeitraum des Angebots zu unterschiedlichen Preisen angeboten.

  Beispiele: Saisonabschläge für Frühbucher, unterschiedliche Telefontarife zu verschiedenen Tageszeiten

- **Kundenspezifische Preisdifferenzierung:** Bestimmte Kundengruppen zahlen weniger als andere.

  Beispiele: Gewerbliche Unternehmen zahlen geringere Strompreise als Endverbraucher; Junioren und Senioren erhalten Vergünstigungen von der Deutschen Bahn AG.

- **Vertriebswegbezogene Preisdifferenzierung:** Der Preis ist abhängig vom Vertriebsweg.

  Beispiel: Preisunterschiede für Schuhe in Handelsgeschäften und Webshops

Psychologische Preisstrategien

Sofern der Preis für das neue Produkt grob festgelegt ist, werden für die endgültige Preisauszeichnung gewöhnlich psychologische Strategien einbezogen. Diese Strategien sollen den Konsumenten unbewusst beeinflussen. Man unterscheidet:[1]

- **Berücksichtigung psychologischer Preisschwellen:** Der Anbieter versucht stets, mit seinen Preisen unterhalb „runder" Preise zu bleiben. So erscheint ein Pkw mit einem Preis von 19.995,00 € erheblich günstiger als mit einem Preis von 20.000,00 €.
- **Abfallende Zahlenreihen:** Kunden nehmen abfallende Zahlenreihen (z.B. 16.520,00 €) als günstiger wahr als aufsteigende Zahlenreihen (z.B. 16.489,00 €).
- **Multipack-Preise:** Viele Anbieter verwirren die Kunden, indem sie Produkte in Paketen (Familienpackung, 10er Pack usw.) zu vermeintlich günstigen Preisen anbieten. So konnte in einem Experiment gezeigt werden, dass Kunden das Gefühl haben, erheblich günstiger einzukaufen, wenn sie für 3 Dosen eines Getränks 1,17 € zahlen, statt für eine Dose für 0,39 € aufzuwenden.

Preisdurchsetzungsstrategien

Der Hersteller plant im Rahmen der Preispolitik bestimmte Preise für seine Produkte, welche sorgfältig abgestimmt sind, mit seinen anderen absatzpolitischen Instrumenten. Beispielsweise darf ein Luxusparfum nicht zu Niedrigpreisen in einem Discounter angeboten werden. In vielen Fällen aber interessiert sich der Einzelhändler nicht für die Preisstrategie des Herstellers, sondern versucht, seinem benachbarten Konkurrenzgeschäft durch Sonderangebote Kunden abzuziehen. Um den Handel dazu zu bringen, die vom Hersteller gewünschten Preise gegenüber dem Endverbraucher zu verlangen, hat er zwei Möglichkeiten:

- **Vertikale Preisbindung („Preisbindung der zweiten Hand"):** Der Hersteller verpflichtet den Handel vertraglich, einen bestimmten Endverbraucherpreis zu verlangen. In Deutschland sind solche Verträge grundsätzlich nichtig, davon ausgenommen sind lediglich Verlagserzeugnisse.
- **Unverbindliche Preisempfehlung (UVP):** Der Hersteller versucht, durch eine unverbindliche Preisempfehlung gegenüber dem Handel (Handelspreisempfehlung) oder dem Endverbraucher (Verbraucherpreisempfehlung) weiterhin einen gewissen Einfluss auf die Preisgestaltung bis zum Endverbraucher zu nehmen. Die UVP ist in Deutschland für Markenwaren erlaubt, unterliegt jedoch der ständigen „Missbrauchsaufsicht" durch das Bundeskartellamt.

---

1 vgl. Hans Christian Weis: Marketing, Friedrich Kiehl Verlag, Ludwigshafen, 2009, Seite 267 f.

4 Kalkulieren der Kosten und des Listenverkaufspreises

Die Careli GmbH darf sich bei der Preisbestimmung nicht nur an der Kundennachfrage und an den Konkurrenzpreisen, sondern muss sich auch an ihren eigenen Kosten orientieren. Diese sollen mithilfe einer einfachen „Zuschlagskalkulation" ermittelt werden. Unter Berücksichtigung eines Gewinnzuschlags für die Careli GmbH und möglicher Preisermäßigungen für die Kunden (Rabatt, Skonto) kann mit dieser Zuschlagskalkulation bereits der Listenverkaufspreis für den Großhandel kalkuliert werden. Dieser ist nicht zu verwechseln mit dem Endverbraucherpreis, den der Einzelhandel verlangt.

ARBEITSAUFTRÄGE

1. Kalkulieren Sie mithilfe des nachfolgenden Infotextes die Kosten und den Listenverkaufspreis (LVP) für die neue Tasche. Pro Stück fallen 6,70 € für Fertigungsmaterial und 12,50 € für Fertigungslöhne an.

Zuschlagskalkulation			
Zuschlagssatz		**Position**	**€**
		Fertigungsmaterial	
+	10 %	Materialgemeinkosten	
=		**Materialkosten**	
		Fertigungslöhne	
+	90 %	Fertigungsgemeinkosten	
=		**Fertigungskosten**	
=		**Herstellkosten**	
+	12 %	Verwaltungsgemeinkosten	
+	5 %	Vertriebsgemeinkosten	
=		**Selbstkosten**	
+	15 %	Gewinn	
=		**Barverkaufspreis**	
+	2 %	Kundenskonto	
=		**Zielverkaufspreis**	
+	20 %	Kundenrabatt	
		Listenverkaufspreis	

2. Der Handel ist bereit, einen Listenverkaufspreis von maximal 45,00 € zu akzeptieren.

a) Wie hoch wäre der Barverkaufspreis in diesem Fall?

b) Ermitteln Sie den Gesamtgewinn bzw. -verlust bei einer Absatzmenge von 40.000 Stück.

c) Leiten Sie eine begründete Schlussfolgerung für die Careli GmbH ab.

Infotext: Zuschlagskalkulation

Zuschlagskalkulation als Vollkostenrechnung

Der Hersteller muss sich bei der Preisfindung für ein Produkt nicht nur am Markt – also an den Kunden und der Konkurrenz – orientieren, sondern auch an seinen eigenen Kosten. Mithilfe der „Zuschlagskalkulation" werden sämtliche Kosten („Selbstkosten"), die mit der Herstellung und Vermarktung verbunden sind, berechnet. Deswegen spricht man auch von einer „Vollkostenrechnung".

Einzel- und Gemeinkosten

- **Einzelkosten** sind die Kosten, die dem Produkt auf Grundlage von Entwurfs- und Konstruktionszeichnungen, Stücklisten sowie Erfahrungswerten dem Produkt direkt zugeordnet werden können, also das Fertigungsmaterial und die Fertigungslöhne (z. B. Blech und Montagelöhne beim Auto).
- **Gemeinkosten** sind die Kosten, die für die Produktion unterschiedlicher Produkte gemeinsam anfallen und damit dem einzelnen Produkt nicht direkt zugeordnet werden können (z. B. Gebäudemiete, Verwaltungsgehälter). Sie werden den Einzel- bzw. Herstellkosten mit einem prozentualen „Zuschlagssatz" hinzugerechnet. Dieser Zuschlagssatz wird in der Abteilung „Kostenrechnung/Controlling" (im Betriebsabrechnungsbogen) ermittelt.

Aufbau der Zuschlagskalkulation

Die Zuschlagskalkulation kann pro Stück oder auch für den gesamten Auftrag erstellt werden. Da der Kunde vielfach Preisermäßigungen verlangt, sind diese mit einzukalkulieren.

Zuschlagskalkulation				
	Zuschlags-Satz	Position	€	Hinweise
		Fertigungsmaterial	100,00	Roh- und Hilfsstoffe
+	10 %	Materialgemeinkosten	10,00	z. B. Lagermiete, Gehälter im Einkauf
=		**Materialkosten**	**110,00**	Summe beider Positionen
		Fertigungslöhne	50,00	Löhne, die in der Produktion anfallen
+	80 %	Fertigungsgemeinkosten	40,00	z. B. Abschreibungen in der Produktion
=		**Fertigungskosten**	**90,00**	Summe beider Positionen
=		**Herstellkosten**	**200,00**	Summe aus Material- und Fertigungskosten
+	8 %	Verwaltungsgemeinkosten	16,00	z. B. Gehälter in der Verwaltung
+	6 %	Vertriebsgemeinkosten	12,00	z. B. Abschreibungen für Dienstwagen
=		**Selbstkosten**	**228,00**	sämtliche Kosten des Produkts
+	12 %	Gewinn	27,36	Gewinn, den der Unternehmer verlangt
=		**Barverkaufspreis**	**255,36**	Summe aus Selbstkosten und Gewinn
+	3 %	Kundenskonto	7,90	Berechnung „im Hundert" (siehe unten)
=		**Zielverkaufspreis**	**263,26**	Preis, von dem Skontoabzug möglich ist
+	25 %	Kundenrabatt	87,75	Berechnung „im Hundert" (siehe unten)
		Listenverkaufspreis	**351,01**	Endpreis, von dem Abzüge möglich sind

Berechnung „im Hundert"

Der Kundenskonto wird dem Kunden als prozentualer Anteil vom Zielverkaufspreis gewährt. Dieser ist aber noch unbekannt. Da aber bekannt ist, dass der Barverkaufspreis (97 %) und der Kundenskonto (3 %) zusammen die 100 % Zielverkaufspreis ergeben, lässt sich der Skontobetrag über einen einfachen Dreisatz lösen: (255,36 : 97) · 3. Dieses Berechnungsverfahren („im Hundert") wird ebenso bei der Ermittlung des Listenverkaufspreises angewandt: (263,26 : 75) · 25.

Vorwärts- und Rückwärtskalkulation

Das oben vorgestellte Verfahren ist eine „Vorwärtskalkulation", da – ausgehend von den Einzelkosten – nach und nach der Listenpreis ermittelt wird. In der Praxis bestimmt aber häufig der Käufer, was er maximal zu zahlen bereit ist. In diesem Fall wird – ausgehend vom Listenverkaufspreis – zurückgerechnet („Rückwärtskalkulation").

5   Berechnen von Deckungsbeitrag und Break-even-Point

Nach einigen Wochen steht fest: Weder können die Kosten gesenkt werden, noch ist der Großhandel bereit, einen höheren Listenverkaufspreis als 45,00 € zu akzeptieren. Dr. Walter, Leiter der Produktion, rechnet vor, warum die Aufnahme der Produktion dennoch sinnvoll sein kann:

„Pro Jahr könnten mit derzeit nicht ausgelasteten und daher verfügbaren Maschinenkapazitäten 65.000 Taschen produziert werden. Da die Fixkosten für diese Anlagen ohnehin anfallen, müssten bis auf Weiteres nur die variablen Kosten der Produktion der neuen Tasche berücksichtigt werden. Sollte sich dabei ein positiver Deckungsbeitrag ergeben, so lohnt die Produktion in jedem Fall, denn das Produkt kann einen Beitrag zur Deckung der fixen Kosten liefern."

ARBEITSAUFTRÄGE

Bearbeiten Sie nachfolgende Arbeitsaufträge mithilfe des nachfolgenden Infotextes.

1. Zeigen Sie am Beispiel der Careli GmbH konkrete Beispiele auf für

   a) fixe Kosten: _____

   b) variable Kosten: _____

2. Im Folgenden wird angenommen, dass die Careli GmbH einen Listenverkaufspreis von 45,00 € kalkulieren muss und dass der Handel alle Preisermäßigungen (20 % Rabatt und 2 % Skonto) in Anspruch nimmt. Die variablen Kosten je Tasche betragen 20,92 €.

   a) Ermitteln Sie den Stückdeckungsbeitrag (db) in Euro.

   b) Ermitteln Sie den Stückdeckungsbeitrag (db) in Prozent.

   c) Ermitteln Sie den Gesamtdeckungsbeitrag (DB) in Euro bei einer erwarteten Absatzmenge in Höhe von 40.000 Stück.

   d) Weisen Sie anhand der Zuschlagskalkulation (Seite 74) die angegebene Höhe der variablen Kosten je Tasche nach. Gehen Sie davon aus, dass 90 % der Gemeinkosten fixe Kosten sind.

3. Welche Empfehlung ist aus Sicht der Deckungsbeitragsrechnung auszusprechen? Interpretieren Sie die Abweichungen der Ergebnisse gegenüber der Vollkostenrechnung.

4. Neben den erwarteten 40.000 Stück können weitere 20.000 Taschen an einen lettischen Importeur zu einem Barverkaufspreis von maximal 25,00 € veräußert werden. Ermitteln Sie den Deckungsbeitrag, der mit diesem Auftrag verbunden wäre.

5. Wie wäre das Angebot aus Aufgabe 4 zu beurteilen, wenn der lettische Kunde auf die Mindestabnahme von 30.000 Taschen bestanden hätte?

6. Für den Fall, dass für die Produktion der neuen Tasche wider Erwarten keine freien Maschinenkapazitäten verfügbar wären, wäre die Anschaffung erforderlicher Maschinen mit jährlichen Fixkosten in Höhe von 281.600,00 € verbunden. Ermitteln Sie rechnerisch den Break-even-Point (BEP) und erläutern Sie das Ergebnis.

Infotext: Deckungsbeitragsrechnung

Der Verkaufspreis, der mithilfe der Zuschlagskalkulation ermittelt wurde, berücksichtigt alle anfallenden Kosten (daher „Vollkostenrechnung") sowie den gewünschten Gewinnzuschlag des neuen Produkts. In der Praxis kann der Unternehmer diesen „Wunschpreis" aber oft nicht durchsetzen, denn viele Wettbewerber bieten ihre Produkte günstiger an. Dennoch kann die Produktion und Vermarktung des neuen Produkts sinnvoll sein und die Gewinnsituation des Unternehmens verbessern. Das soll mithilfe der Deckungsbeitragsrechnung gezeigt werden, welche nur einen Teil der Kosten betrachten kann (daher „Teilkostenrechnung") und zwischen fixen und variablen Kosten unterscheidet.

Fixe und variable Kosten

- **Fixkosten:** Kosten, die unabhängig von der Produktionsmenge anfallen (z. B. Gehälter, Miete).
- **Variable Kosten:** Kosten, die abhängig von der Produktionsmenge anfallen (z. B. Rohstoffe, Löhne).

Deckungsbeitrag

Mithilfe der variablen Kosten lässt sich errechnen, welchen Beitrag das einzelne Produkt bzw. die Summe aller Produkte zur Deckung der fixen Kosten beiträgt. Dieser Beitrag wird als „Deckungsbeitrag" bezeichnet und folgendermaßen berechnet:

> Stückdeckungsbeitrag (db) = Nettoverkaufspreis – variable Stückkosten

> Gesamtdeckungsbeitrag (DB) = Nettoverkaufserlöse – variable Gesamtkosten

Merke: Die Aufnahme der Produktion lohnt sich immer dann, wenn

- ein positiver Deckungsbeitrag in einer Periode zu erwarten ist und
- das Unternehmen über freie Produktionskapazitäten verfügt.

Der Deckungsbeitrag wird entweder als Betrag in Euro oder aber als Prozentsatz vom Erlös angegeben. Die Angabe in Prozent erlaubt eine bessere Vergleichbarkeit der Produkte und ist in der Praxis üblich.

Break-even-Point

Sofern der Unternehmer in neue Produktionsanlagen investieren muss, kann er mithilfe des Stückdeckungsbeitrags errechnen, bei welcher Absatzmenge die Summe der Stückdeckungsbeiträge exakt alle Fixkosten deckt. In diesem Punkt ist der Gewinn genau 0 (Gewinnschwelle oder „Break-even-Point"). Jedes weitere abgesetzte Produkt erwirtschaftet einen Gewinn. Es gilt daher:

$$\text{Gewinnschwellenmenge} = \frac{\text{fixe Kosten}}{\text{db}}$$

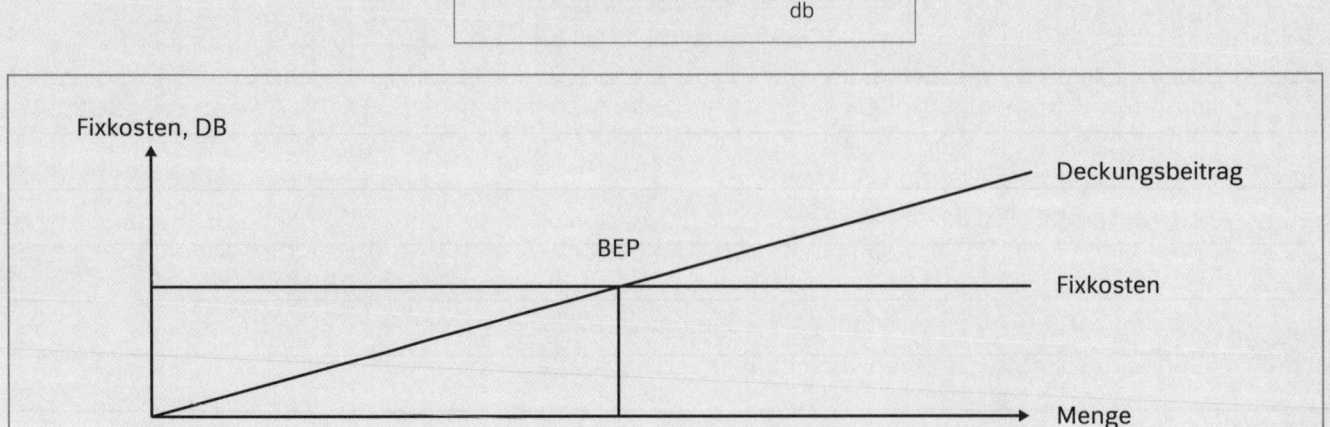

Break-even-Point (Gewinnschwelle)

6 Einführen der Zielkostenrechnung (Target Costing)

Der Leiter der Kostenrechnung, Herr Schmidt, betritt das Büro des Produktmanagers, Herrn Müller, der für die Entwicklung und Vermarktung der neuen Tasche zuständig ist.

Müller:	Guten Morgen Herr Schmidt.
Schmidt:	Guten Morgen Herr Müller.
Müller:	Was führt Sie zu mir?
Schmidt:	Herr Müller, so können wir nicht weitermachen.
Müller:	Was meinen Sie denn? Womit können wir nicht weitermachen?
Schmidt:	Sie können nicht erst drauflosentwickeln und mich als Kostenrechner hinterher vor vollendete Tatsachen stellen. Wir sind einfach zu teuer mit der neuen Tasche!
Müller:	Aber Sie haben doch selbst gesagt, wir können produzieren, solange wir einen positiven Deckungsbeitrag erwirtschaften?
Schmidt:	Kurzfristig geht das ja auch, etwa bei unerwarteten Zusatzaufträgen. Aber bei der Einführung eines neuen Produkts müssen wir langfristig kalkulieren und auch die Fixkosten berücksichtigen, irgendwann sind auch die besten Maschinen am Ende.
Müller:	Aber wir haben das doch schon alles in der Zuschlagskalkulation durchgespielt und festgestellt, dass die Selbstkosten zu hoch sind.
Schmidt:	Sehen Sie, und genau das ist mein Problem. Hier tickt eine Zeitbombe.
Müller:	Was sollen wir denn machen? Wir brauchen doch Innovationen.
Schmidt:	Das ist richtig. Sie müssen sich aber mal klarmachen, dass Sie mit Ihrer Produktgestaltung fast 70 Prozent der späteren Selbstkosten festlegen, da hängen ja nicht nur Werkstoffe, sondern auch Produktionsprozesse dran.
Müller:	Verstehe. Aber Sie haben meine Frage nicht beantwortet.
Schmidt:	Wir müssen das Verfahren umdrehen, sodass wir Kostenrechner nicht mehr nach abgeschlossener Produktentwicklung ermitteln, was die Tasche kosten *wird*, sondern Ihnen von Anfang an vorgeben, was das Produkt kosten *darf*. Wir müssen auch hier vom Markt her denken. So was nennt man übrigens Zielkostenrechnung.
Müller:	Ich habe davon gehört. Und wie soll das gehen?
Schmidt:	Ich habe mich da mal schlaugemacht, wir müssen in drei Schritten vorgehen: Zuerst müssen wir die Zielkosten bestimmen. Dazu können wir unsere Marktforschung einschalten, die soll mal einen realistischen Zielpreis ermitteln, aus dem wir die Zielkosten ableiten können.
Müller:	Das wäre ja kein Problem. Und dann?
Schmidt:	Dann spalten wir die Zielkosten auf: Dazu zerlegen wir die Tasche in ihre einzelnen Komponenten, prüfen, wie groß ihr jeweiliger Nutzen für den Kunden ist und welchen Anteil sie an den Zielkosten haben darf.
Müller:	Das klingt ja interessant. Und dann?
Schmidt:	Als dritter und letzter Schritt kommt die Zielkostenkontrolle, und zwar noch vor Produktionsbeginn: Dann können wir nämlich für jede Komponente überprüfen, ob die traditionell kalkulierten Kosten dem Kundennutzen entsprechen.
Müller:	Können wir das an unserer neuen Tasche mal durchspielen?
Schmidt:	Genau das wollte ich Ihnen vorschlagen. Ich habe alles dabei.

ARBEITSAUFTRÄGE

1. Erläutern Sie den Kerngedanken der Zielkostenrechnung.

_____

_____

_____

_____

_____

_____

2. Welche Schritte sind im Rahmen der Zielkostenrechnung durchzuführen?

_____

_____

_____

3. Die Kunden der Careli GmbH (Großhandelsbetriebe) akzeptieren für die neue Schul- und Freizeittasche einen Zielpreis in Höhe von 35,28 €. Die Kostenrechnung kalkuliert Standardkosten in Höhe von 36,41 € und einen Zielgewinn in Höhe von 5,46 €. Careli definiert die Zielkosten als Mittelwert aus Standardkosten und erlaubten Kosten. Bestimmen Sie mithilfe des folgenden Infotextes die Zielkosten und die Ziellücke in Euro.

Infotext: Zielkostenrechnung Phase I – Zielkostenbestimmung

Schritt 1: Ermitteln eines realistischen Marktpreises (Target Price): Zunächst wird mithilfe der Marktforschung ermittelt, welchen Verkaufspreis die Kunden höchstens zu zahlen bereit wären. Dieser Preis wird als „Zielpreis" („Target Price") bezeichnet. Er ist nicht mit dem „Zielverkaufspreis" aus der Zuschlagskalkulation (siehe Seite 74 ff.) zu verwechseln.

Beispiel: Befragte Kunden eines ausgewählten Marktsegments sind bereit, maximal 100,00 € für ein elektrisches Haarschneidegerät zu bezahlen.

Schritt 2: Ermitteln der erlaubten Kosten (Allowable Costs): Vom Zielpreis wird der von der Geschäftsführung verlangte „Zielgewinn" („Target Profit") abgezogen, um die gesamten „erlaubten Kosten" („Allowable Costs") zu ermitteln.

Beispiel: Der Unternehmer verlangt 20,00 € Gewinn, die erlaubten Kosten belaufen sich also auf 80,00 €.

Schritt 3: Kalkulieren der Standardkosten (Drifting Costs): Gleichzeitig werden auf Grundlage bisheriger Technologien die Selbstkosten traditionell kalkuliert. Sie werden in diesem Zusammenhang als „Standardkosten" („Drifting Costs") bezeichnet und liegen gewöhnlich über den erlaubten Kosten.

Beispiel: Die traditionelle Kostenrechnung ermittelt Standardkosten in Höhe von 90,00 €.

Schritt 4: Bestimmen der Zielkosten (Target Costs): Die Differenz zwischen erlaubten Kosten und Standardkosten bezeichnet man als „Ziellücke" („Target Gap"). Im Extremfall würde eine Unternehmensleitung verlangen, die erlaubten Kosten exakt einzuhalten und damit diese Lücke vollständig zu schließen. Dann wären erlaubte Kosten und Zielkosten identisch. Abhängig von den realistischen Kostensenkungsmöglichkeiten legt das Unternehmen jedoch gewöhnlich die Zielkosten oberhalb der erlaubten Kosten und unterhalb der Standardkosten fest.

Beispiel: Die erlaubten Kosten betragen 80,00 € und die Standardkosten 90,00 €. Die Ziellücke beläuft sich also auf 10,00 €. Das Unternehmen legt die Zielkosten in Höhe von 85,00 € fest.

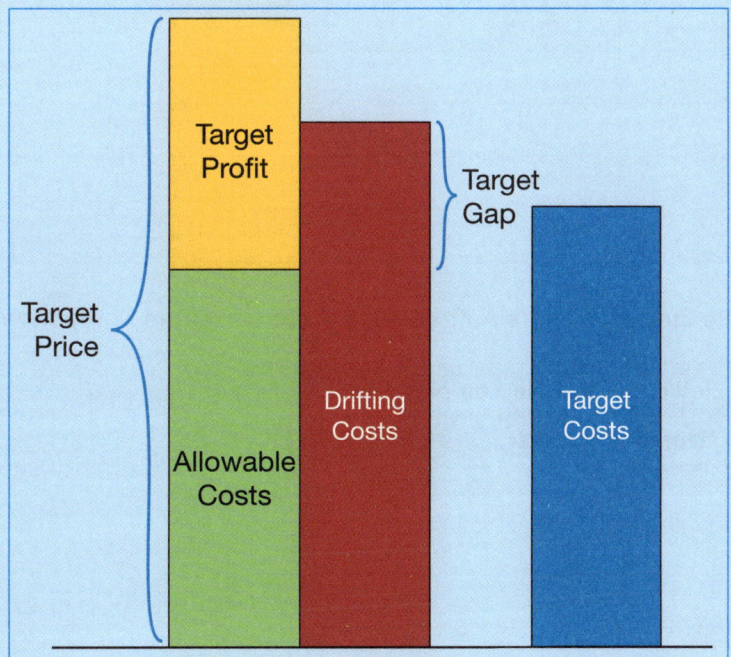

4. Nun soll die Zielkostenspaltung vorgenommen werden. Dazu liegen folgende Informationen vor:

Gewichtung der Funktionen durch die Kunden					
F1: Stauraum (%)	F2: Design (%)	F3: Trage-komfort (%)	F4: Wasserdich-tigkeit (%)	F5: Handling (%)	Summe (%)
20 %	40 %	20 %	10 %	10 %	100 %

Expertenschätzung des Beitrags der Komponenten zur Erfüllung der Funktionen					
Komponente	Beitrag zu F1: Stauraum (%)	Beitrag zu F2: Design (%)	Beitrag zu F3: Tragekomfort (%)	Beitrag zu F4: Wasserdichtig-keit (%)	Beitrag zu F5: Handling (%)
K1: Korpus	85 %	50 %	40 %	20 %	30 %
K2: Außenmaterial	0 %	20 %	0 %	60 %	0 %
K3: Innenfächer	15 %	0 %	0 %	0 %	40 %
K4: Tragegurt	0 %	20 %	60 %	0 %	10 %
K5: Verschlüsse	0 %	10 %	0 %	20 %	20 %
Summe	100 %	100 %	100 %	100 %	100 %

a) Berechnen Sie zunächst die Nutzenanteile der einzelnen Komponenten.

Berechnung der Nutzenanteile						
Gewichtung:	F1: Stauraum	F2: Design	F3: Tragekomfort	F4: Wasserdich-tigkeit	F5: Handling	Nutzen-anteil (%)
K1: Korpus						
K2: Außenmaterial						
K3: Innenfächer						
K4: Tragegurt						
K5: Verschlüsse						
Summe						

b) Verteilen Sie nun die Zielkosten (aus Aufgabe 3) auf die einzelnen Komponenten.

Verteilung der Zielkosten auf die Komponenten		
Komponente	Nutzenanteil (%)	Zielkosten (€)
K1: Korpus		
K2: Außenmaterial		
K3: Innenfächer		
K4: Tragegurt		
K5: Verschlüsse		
Summe		

Infotext: Zielkostenrechnung Phase II – Zielkostenspaltung

Schritt 1: Identifizieren kundenrelevanter Funktionen: Die Marktforschung ermittelt, welche Funktionen des Produkts für den Kunden von Bedeutung sind.

Beispiel: Für die Entwicklung eines neuen Haarschneidegeräts werden folgende Produktfunktionen als relevant betrachtet: Design, Schnittgefühl, Betriebsdauer, Betriebsgeräusch.

Schritt 2: Gewichten der Funktionen: Die Marktforschung bittet die Kunden, die einzelnen Funktionen des Produkts nach ihrem persönlichen Ermessen prozentual zu gewichten.

Beispiel:

Gewichtung der Funktionen				
F1: Design (%)	F2: Schnittgefühl (%)	F3: Betriebsdauer (%)	F4: Betriebsgeräusch (%)	Summe (%)
30 %	40 %	20 %	10 %	100 %

Schritt 3: Schätzen des Beitrags der Komponenten zur Erfüllung der Funktionen: Fachleute des Unternehmens schätzen, in welchem Maße die einzelnen Produktkomponenten (K1 bis K4) zur Erfüllung der oben genannten Produktfunktionen beitragen. Dazu gehen sie Funktion für Funktion durch und geben den Beitrag prozentual an.

Beispiel:

Schätzung des Beitrags der Komponenten zur Erfüllung der Funktionen				
Komponente	Beitrag zu F1: Design (%)	Beitrag zu F2: Schnittgefühl (%)	Beitrag zu F3: Betriebsdauer (%)	Beitrag zu F4: Betriebsgeräusch (%)
K1: Gehäuse	60 %	0 %	0 %	20 %
K2: Motor	10 %	40 %	30 %	70 %
K3: Scherkopf	30 %	60 %	0 %	10 %
K4: Akku	0 %	0 %	70 %	0 %
Summe	**100 %**	**100 %**	**100 %**	**100 %**

Schritt 4: Berechnen der Nutzenanteile: Nun werden für jede Produktkomponente die Funktionsgewichte (Schritt 2) mit den einzelnen Komponentenbeiträgen (Schritt 3) multipliziert und die Ergebnisse zeilenweise aufaddiert. Gesamtergebnis sind die „Nutzenanteile"[1] der einzelnen Komponenten über alle Funktionen. Diese entsprechen zugleich dem prozentualen Zielkostenanteil.

Beispiel:

Berechnung der Nutzenanteile				
Gewichtung:	F1: Design 30 %	F2: Schnittgefühl 40 %	F3: Betriebsdauer 20 %	F4: Betriebsgeräusch 10 %	Nutzenanteil in %
K1: Gehäuse	18 %	0 %	0 %	2 %	20 %
K2: Motor	3 %	16 %	6 %	7 %	32 %
K3: Scherkopf	9 %	24 %	0 %	1 %	34 %
K4: Akku	0 %	0 %	14 %	0 %	14 %
Summe	**30 %**	**40 %**	**20 %**	**10 %**	**100 %**

Schritt 5: Verteilen der Zielkosten auf die Komponenten: Mithilfe der Nutzenanteile (Schritt 4) können nun die Zielkosten des Gesamtprodukts (aus Phase I) auf die einzelnen Produktkomponenten verteilt werden.

---

1 Der Nutzenanteil wird auch als „Teilnutzen", „relative Bedeutung" oder als „Komponentengewicht" bezeichnet.

Beispiel:

Verteilung der Zielkosten auf die Komponenten		
Komponente	Nutzenanteil (%)	Zielkosten (€)
K1: Gehäuse	20%	17,00 €
K2: Motor	32%	27,20 €
K3: Scherkopf	34%	28,90 €
K4: Akku	14%	11,90 €
Summe	100%	85,00 €

5. Die Kosten- und Leistungsrechnung der Careli GmbH legt folgende Standardkostenanteile vor. Ermitteln Sie für jede Produktkomponente den Zielkostenindex und erläutern Sie Ihre Ergebnisse.

Ermittlung des Zielkostenindex			
Komponente	Nutzenanteil (%)	Standardkostenanteil (%)	Zielkostenindex
K1: Korpus		30,0 %	
K2: Außenmaterial		30,0 %	
K3: Innenfächer		7,0 %	
K4: Tragegurt		12,0 %	
K5: Verschlüsse		21,0 %	
Summe		100,0 %	

6. Stellen Sie den Zielkostenindex der einzelnen Komponenten im Zielkostenkontrolldiagramm dar:

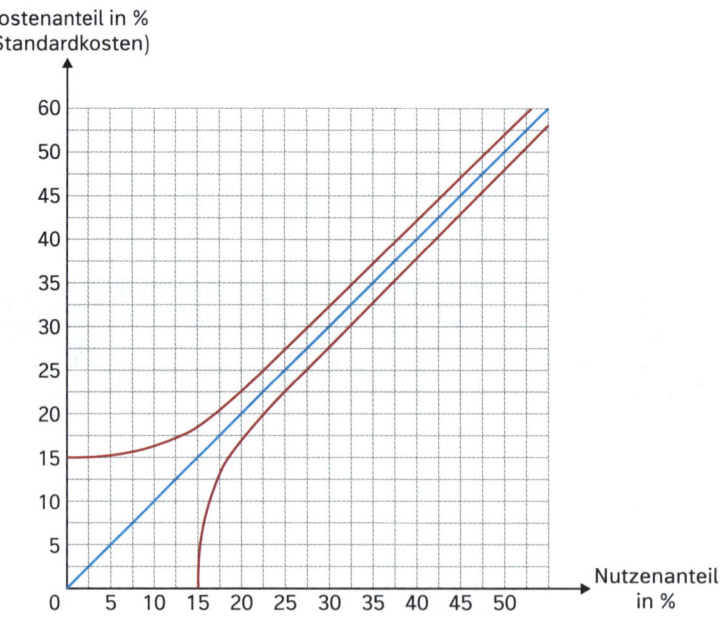

7. Welche Schlussfolgerungen sollte die Careli GmbH aus diesen Ergebnissen ziehen?

_____

_____

_____

Infotext: Zielkostenrechnung Phase III – Zielkostenkontrolle

Schritt 1: Ermitteln des Zielkostenindex: Schließlich ist für jede Komponente zu kontrollieren, ob ihr Nutzenanteil dem Standardkostenanteil entspricht, der unter Einsatz bisheriger Technologien traditionell kalkuliert wird. Dazu wird noch vor Produktionsbeginn für jede Produktkomponente ein „Zielkostenindex" (ZKI) berechnet, der ihren Nutzenanteil ins Verhältnis zu ihrem Standardkostenanteil setzt:[1]

$$\text{Zielkostenindex} = \frac{\text{Nutzenanteil der Komponente}}{\text{Standardkostenanteil der Komponente}}$$

Der Zielkostenindex (ZKI) ist folgendermaßen zu interpretieren:

- **ZKI = 1:** Die Standardkosten der Komponente sind angemessen.
- **ZKI < 1:** Die Standardkosten der Komponente sind im Vergleich zum Kundennutzen zu hoch.
- **ZKI > 1:** Die Standardkosten der Komponente sind im Vergleich zum Kundennutzen zu gering.

Beispiel:

Ermittlung des Zielkostenindex			
Komponente	Nutzenanteil (%)	Standardkostenanteil (%)	Zielkostenindex
K1: Gehäuse	20 %	10 %	2,00
K2: Motor	32 %	37 %	0,87
K3: Scherkopf	34 %	34 %	1,00
K4: Akku	14 %	19 %	0,74
Summe	100 %	100 %	

Schritt 2: Darstellen des Zielkostenindex im Zielkostenkontrolldiagramm: Die linear steigende Funktion im Zielkostenkontrolldiagramm gibt einen Zielkostenindex von 1 wieder, bei dem der Nutzenanteil einer Komponente ihrem Standardkostenanteil entspricht – mit anderen Worten: Hier werden die Zielkosten exakt erreicht. Da es selten möglich ist, die berechneten Zielkosten exakt zu erreichen, wird gewöhnlich einen Zielkorridor definiert, innerhalb dessen Abweichungen toleriert werden. Sofern die Kosten außerhalb des Korridors liegen, ist eine Kostenkorrektur der betreffenden Komponente erforderlich.

Beispiel:

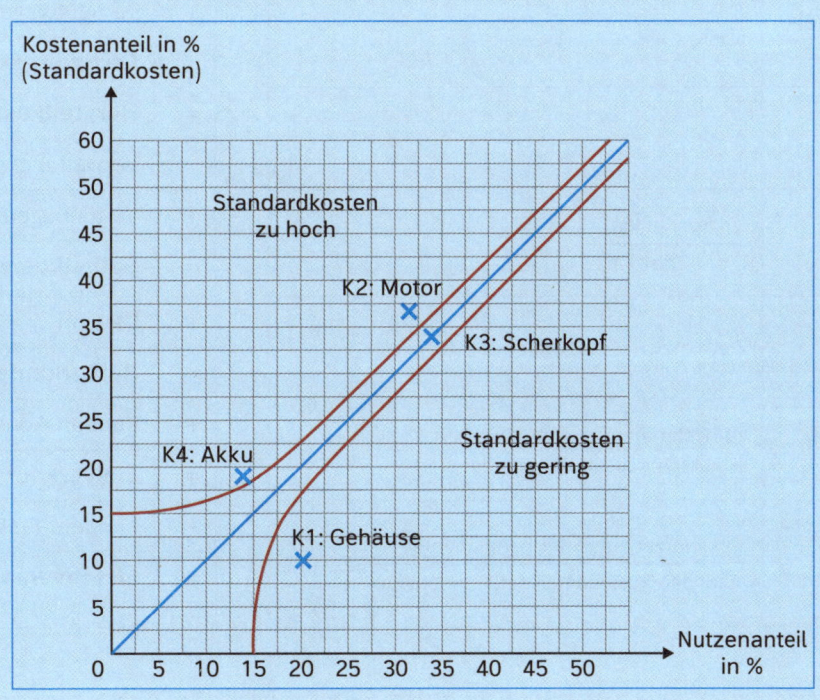

---

1 Der Nutzenanteil wird auch als „Teilnutzen", „relative Bedeutung" oder als „Komponentengewicht" bezeichnet.

Kompaktwissen

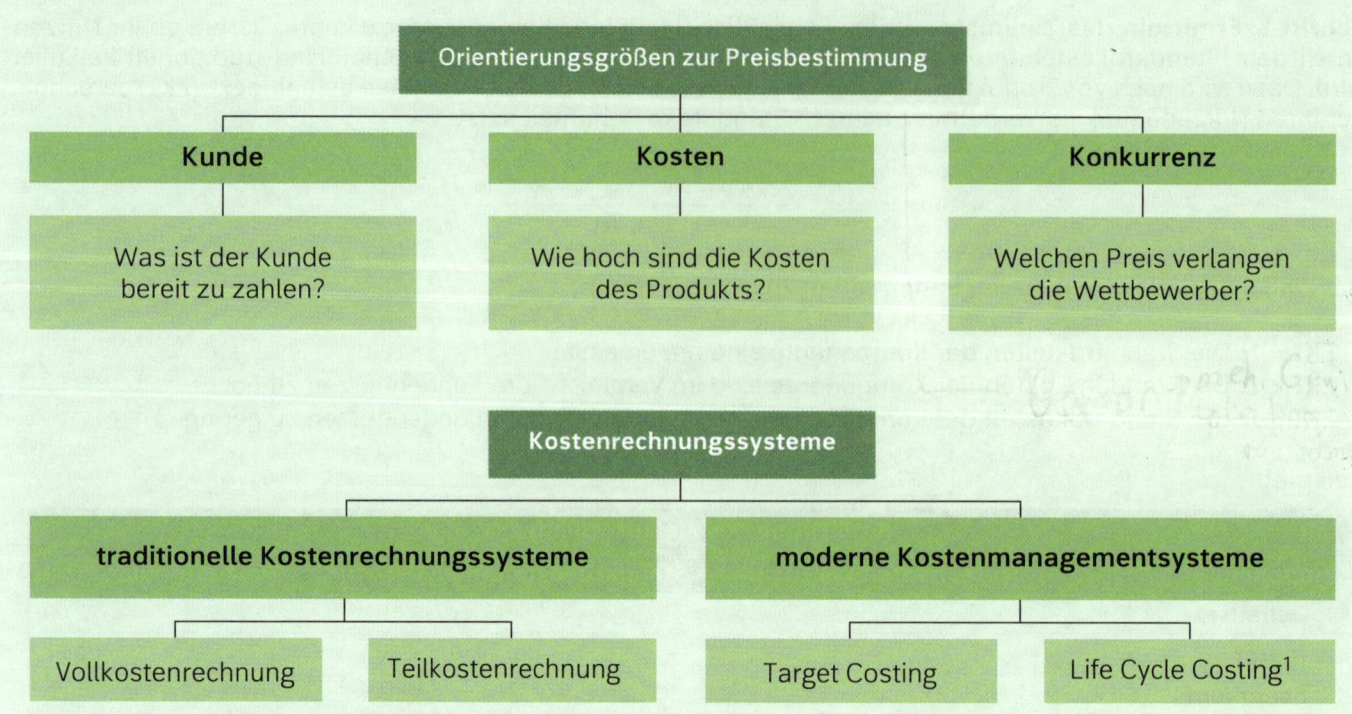

Formelkasten	
Preisabsatzfunktion	$a - bx$
Preiselastizität der Nachfrage	$\dfrac{\text{prozentuale Mengenänderung} (\cdot -1)}{\text{prozentuale Preisänderung}}$
Gesamtdeckungsbeitrag (DB)	$E - K_v$
Stückdeckungsbeitrag (db)	$p - k_v$
Break-even-Point	$\dfrac{\text{fixe Kosten}}{db}$
Erlaubte Kosten (Allowable Costs)	Zielkosten – Zielgewinn
Zielkosten (Target Costs)	zu bestimmender Wert zwischen erlaubten Kosten und Standardkosten
Zielkostenindex	$\dfrac{\text{Nutzenanteil der Komponente}}{\text{Standardkostenanteil der Komponente}}$

Zuschlagskalkulation	
	Fertigungsmaterial
+	Materialgemeinkosten
=	**Materialkosten**
	Fertigungslöhne
+	Fertigungsgemeinkosten
=	**Fertigungskosten**
=	**Herstellkosten**
+	Verwaltungsgemeinkosten
+	Vertriebsgemeinkosten
=	**Selbstkosten**
+	Gewinn
=	**Barverkaufspreis**
+	Kundenskonto
=	**Zielverkaufspreis**
+	Kundenrabatt
=	**Listenverkaufspreis**

1 Hier nicht vertieft

Zielkostenrechnung

Zielkostenbestimmung
Ermitteln von Zielpreis, Zielgewinn, erlaubten Kosten, Ziellücke und Zielkosten

Zielkostenspaltung
Ermitteln von Nutzenanteil je und Zielkostenanteil je Komponente

Zielkostenkontrolle
Ermitteln und Darstellen des Zielkostenindex je Komponente
ZKI < 1: Standardkosten zu hoch
ZKI = 1: Standardkosten ok
ZKI > 1: Standardkosten zu gering

Preisstrategien

Preispositionierungsstrategien	
Durchschnittspreispreisstrategie	langfristiger Durchschnittspreis
Hochpreisstrategie	langfristig hoher Preis
Niedrigpreisstrategie	langfristig niedriger Preis
Preiseinführungsstrategien	
Abschöpfungsstrategie	kurzfristig überhöhter Preis (Skimmingstrategie)
Penetrationspreisstrategie	kurzfristig angesetzter Niedrigpreis
Preisdifferenzierungsstrategien	
räumliche	Preise sind abhängig von Region oder Nation.
zeitliche	Preise sind abhängig vom Zeitraum.
kundenspezifische	Preise sind abhängig von der Kundengruppe.
absatzwegbezogene	Preise sind abhängig vom Absatzweg (z. B. Internet).
Psychologische Preisstrategien	
Preisschwellenstrategie	Nichtüberschreitung empfindlicher Preisschwellen
abfallende Zahlenreihenstrategie	Ziffern werden von links nach rechts kleiner.
Multipackstrategie	Vortäuschen von Sonderpreisen bei Großpackungen
Preisdurchsetzungsstrategien	
vertikale Preisbindung	Der Hersteller verpflichtet den Handel zu einem bestimmten Preis.
unverbindliche Preisempfehlung	Der Hersteller macht eine unverbindliche Preisempfehlung bekannt.

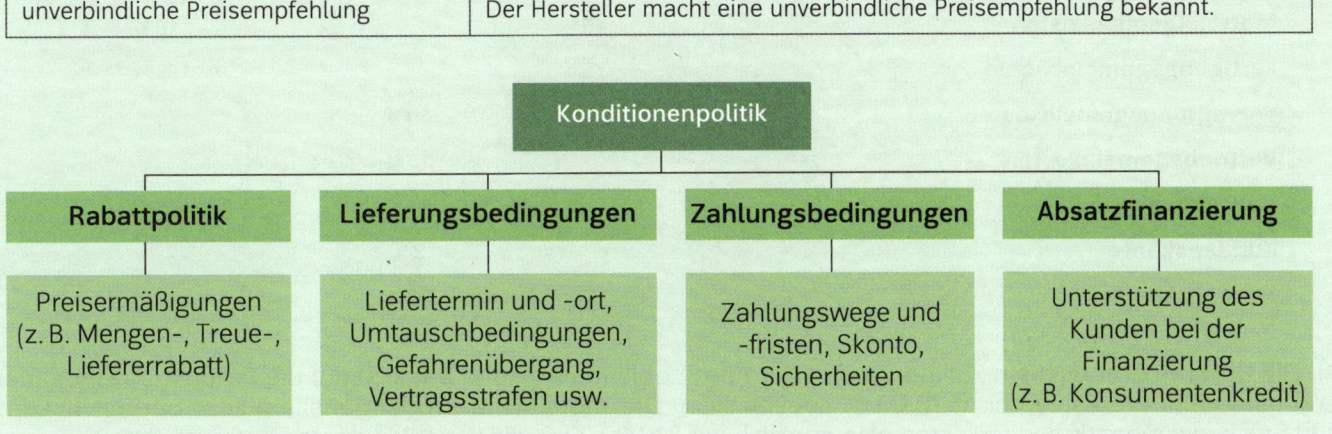

Konditionenpolitik

Rabattpolitik
Preisermäßigungen (z. B. Mengen-, Treue-, Liefererrabatt)

Lieferungsbedingungen
Liefertermin und -ort, Umtauschbedingungen, Gefahrenübergang, Vertragsstrafen usw.

Zahlungsbedingungen
Zahlungswege und -fristen, Skonto, Sicherheiten

Absatzfinanzierung
Unterstützung des Kunden bei der Finanzierung (z. B. Konsumentenkredit)

Vertiefungsaufgaben

1. Analysieren Sie die Nachfrage nach amerikanischen Trekking-Bikes in Schwäbisch Hall.

a) Stellen Sie in einem ersten Schritt die Nachfragekurve grafisch dar:

Preis in €	1.000	900	800	700	600	500	400	300	200	100
Nachfrage	0	5	10	15	20	25	30	35	40	45

b) Untersuchen Sie folgende Nachfrageeffekte bei Änderungen dieser Marktpreise. Annahme: Es gibt nur einen Anbieter am Ort.

Preisänderung von ... (€)	Preisänderung in %	Absatzände-rung in Stück	Absatzände-rung in %	Elastizität	Umsatzände-rung (€)
200,00 auf 300,00					
200,00 auf 100,00					
800,00 auf 900,00					
800,00 auf 700,00					

c) Welche Schlussfolgerungen können die Anbieter von Trekking-Bikes aus Schwäbisch Hall ziehen?

_____

_____

2. Nennen Sie Beispiele aus Ihrer Erfahrung zum Einsatz von folgenden Preisstrategien:

Hochpreisstrategien	
Niedrigpreisstrategien	
Skimmingstrategien	
Penetrationspreisstrategien	

3. Die Trelle KG aus Berlin produziert neuartige Elektromotoren für Teleskopantennen. Bestimmen Sie die Listenpreise mithilfe einer Zuschlagskalkulation.

	Elektromotor Typ A	Elektromotor Typ B
Fertigungsmaterial/Stck.	24,00 €	33,00 €
Fertigungslöhne/Stck.	6,00 €	7,00 €
Materialgemeinkosten	15%	18%
Fertigungsgemeinkosten	75%	105%
Verwaltungsgemeinkosten	30%	
Vertriebsgemeinkosten	15%	
Gewinnzuschlag	12%	
Kundenskonto	3%	
Kundenrabatt	25%	

4. Die Chrome GmbH ist ein Zulieferbetrieb der Automobilindustrie und hat sich auf die Produktion eines Steuerungsmoduls (Verkaufspreis: 520,00 €) spezialisiert. Die monatliche Produktionskapazität beträgt maximal 500 Stück, die monatlichen Fixkosten belaufen sich auf 81.000,00 €, die variablen Kosten betragen 340,00 €.

a) Bei welcher monatlichen Produktionsmenge würde der Break-even-Point erreicht?

b) Ermitteln Sie den Prozentsatz der Kapazitätsauslastung bei Erreichen der Gewinnschwelle.
c) Wie hoch wäre der Gewinn bei voller Kapazitätsauslastung und Verkauf aller Module?

5. Überlegen Sie, welche Kostengrößen aus der Voll- und Teilkostenrechnung als langfristige und welche als kurzfristige Preisuntergrenzen herangezogen werden können, und begründen Sie Ihre Meinung.

6. Die Pelle KG ist ein mittelständischer Hersteller von Motorjachten mit Sitz in Hamburg. Das Unternehmen wendet neuerdings neben der traditionellen Kostenrechnung auch die Zielkostenrechnung an. Eine Kundenbefragung zu einem neuen Modell ergab einen Zielpreis in Höhe von 650.000,00 € und folgende Gewichtungen der Produktfunktionen:

Gewichtung der Funktionen durch die Kunden					
Design	Geschwindigkeit	Wohnkomfort	Bedienungskomfort	Sicherheit	Summe (%)
25 %	15 %	20 %	10 %	30 %	**100 %**

Die Ingenieure der Pelle KG schätzen folgende Beiträge der einzelnen Produktkomponenten zu den genannten Produktfunktionen:

Expertenschätzung des Beitrags der Komponenten zur Erfüllung der Funktionen					
	Beitrag zu: Design	Beitrag zu: Geschwindigkeit	Beitrag zu: Wohnkomfort	Beitrag zu: Bedienungskomfort	Beitrag zu: Sicherheit
K1: Rumpf	40 %	35 %	30 %	0 %	50 %
K2: Aufbauten	25 %	5 %	20 %	0 %	10 %
K3: Antrieb	5 %	60 %	5 %	15 %	15 %
K4: Innenausstattung	20 %	0 %	45 %	35 %	5 %
K5: Armaturen	10 %	0 %	0 %	50 %	20 %
Summe	**100 %**	**100 %**	**100 %**	**100 %**	**100 %**

Konrad Pelle verlangt einen Zielgewinn in Höhe von 90.000,00 €. Die Zielkosten sind bei der Pelle KG als Mittelwert aus Standardkosten und erlaubten Kosten definiert. Die Standardkosten auf Grundlage der bisherigen Technologie wurden folgendermaßen kalkuliert:

Standardkosten	
	€
K1: Rumpf	150.000,00
K2: Aufbauten	126.000,00
K3: Antrieb	90.000,00
K4: Innenausstattung	120.000,00
K5: Armaturen	114.000,00
Summe	**600.000,00**

a) Ermitteln Sie die erlaubten Kosten, die Ziellücke und die Zielkosten.
b) Ermitteln Sie die prozentualen Nutzenanteile der Komponenten.
c) Wie verteilen sich die Zielkosten (in Euro) auf die einzelnen Komponenten?
d) Ermitteln Sie den Zielkostenindex für jede Komponente.
e) Erstellen Sie das zugehörige Zielkostenkontrolldiagramm und leiten Sie Empfehlungen ab.

G Distributionspolitik

Praxisfall „Careli GmbH"

1 Visualisieren des Vertriebssystems der Careli GmbH

Für den Endverbraucher sind die Careli-Produkte überwiegend im Einzelhandel erhältlich. Die große Zahl der inländischen Einzelhändler (vor allem Fachgeschäfte und Kaufhäuser) wird von 16 Reisenden des Hauses Careli besucht, welche die Beratungs- und Verkaufsgespräche führen. Careli verkauft seine Produkte außerdem direkt über eigene Niederlassungen in fünf deutschen Großstädten. Nur in Köln und Berlin werden sogenannte „Franchise-Fachhändler" beliefert, welche als Careli-Fachgeschäfte äußerlich nicht von den Niederlassungen zu unterscheiden sind. Auch sie werden von Reisenden mitbetreut. In Frankreich betreut ebenfalls ein Reisender den Handel vor Ort. Nur in Spanien ist ein Handelsvertreter mit Sitz in Valencia eingeschaltet, der für den spanischen Einzelhandel zuständig ist.

ARBEITSAUFTRAG

Für eine Beamer-Präsentation der Geschäftsführung soll das Vertriebssystem von Careli auf einer einzigen Folie grafisch dargestellt werden. Diese Grafik soll differenziert veranschaulichen,

- über welche Absatzorgane die Produkte von Careli zum Endverbraucher gelangen,
- inwiefern sich die Absatzorgane international unterscheiden,
- dass es unternehmenseigene und rechtlich selbstständige Absatzorgane gibt.

Stellen Sie mithilfe des nachfolgenden Infotextes das Vertriebssystem von Careli in einer Skizze dar, die als Vorlage für die spätere Folie dienen soll. Verwenden Sie einen Bleistift, um Ihr Ergebnis korrigieren zu können.

Das Vertriebssystem von Careli

Infotext: Auswahl der Absatzorgane

Vertrieb über unternehmenseigene Absatzorgane

- **(Handlungs-)Reisende:** Sie sind Festangestellte des Unternehmens und im Außendienst des Vertriebs tätig. Sie besuchen die Kunden (i. d. R. Handelsbetriebe) in einem ihnen zugewiesenen Bezirk und führen Beratungs- und Verkaufsgespräche. Reisende erhalten gewöhnlich ein festes Grundgehalt („Fixum") zuzüglich einer umsatzabhängigen Provision.
- **Verkaufsniederlassungen:** Die Hersteller können ihre Produkte in eigenen Niederlassungen bzw. Filialen an die Endverbraucher verkaufen (z. B. Jack Wolfskin, Esprit).
- **Internet (E-Commerce):** Das Unternehmen verkauft die Produkte übers Internet an seine Kunden. Man unterscheidet den Verkauf an Händler oder Industriebetriebe („Business-to-Business", kurz: „B2B") und den Verkauf an die Konsumenten („Business-to-Consumer", kurz: „B2C").
- **Telefonvertrieb:** Der Kunde kann direkt beim Hersteller anrufen und bestellen oder er wird vom Hersteller (oder einem beauftragten Callcenter) angerufen.
- **Mitglieder der Geschäftsführung:** In einigen Branchen übernimmt die Geschäftsführung selbst den Vertrieb, etwa bei Großaufträgen (z. B. bei Investitionsgütern).
- **Factory-Outlet-Center (FOC):** Mehrere Hersteller schließen sich zusammen, um ihre Produkte in großen „Fabrikverkaufszentren" außerhalb der Stadt – mehr oder weniger verbilligt – zu verkaufen (z. B. in Wertheim oder in Zweibrücken).

Vertrieb über rechtlich selbstständige Absatzorgane

- **Handel:** Selbstständige Gewerbetreibende, welche die Produkte kaufen und verkaufen; die Differenz wird als „Handelsmarge" bezeichnet. Großhändler kaufen die Waren in großen Mengen und verkaufen sie an die Einzelhändler vor Ort, welche sie wiederum an die Endverbraucher verkaufen. Viele Handelsunternehmen sind zu großen Handelsketten zusammengeschlossen (z. B. REWE oder EDEKA). Viele Einzelhändler verkaufen ebenfalls über das Internet.
- **Franchising:** Vertikales Vertriebssystem, bei dem ein Franchisegeber den rechtlich selbstständigen Franchisenehmern im Rahmen eines engen Vertragsverhältnisses bestimmte Rechte (Nutzung der Marken, des Beschaffungssystems, der Werbung, der Einrichtung des Franchisegebers usw.) überträgt. Beispiele für Franchiseketten sind TUI, McDonald's und Subway.
- **Handelsvertreter:** Selbstständiger Gewerbetreibender nach §§ 84–92 HGB, der dauerhaft damit betraut ist, für ein oder mehrere Unternehmen Geschäfte zu vermitteln oder abzuschließen („in fremdem Namen auf fremde Rechnung"). Dafür erhält er eine umsatzabhängige Provision. Verpflichtet er sich, für den Zahlungseingang zu haften, erhält er eine entsprechend höhere „Delkredereprovision". Handelsvertreter wohnen gewöhnlich in ihrem Absatzgebiet, ihre Kunden können Händler oder Endverbraucher sein.
- **Handelsmakler:** Selbstständiger Gewerbetreibender nach §§ 93–104 HGB, der in keinem ständigen Vertragsverhältnis zu seinem Auftraggeber steht, sondern von Fall zu Fall Käufer und Verkäufer zusammenführt („in fremdem Namen und auf fremde Rechnung"). Dafür erhält er eine „Courtage", die gemäß HGB je zur Hälfte von Käufer und Verkäufer zu zahlen ist.
- **Kommissionär:** Selbstständiger Gewerbetreibender nach §§ 383–406 HGB, der mit dem Lieferanten (Kommittent) einen Kommissionsvertrag abschließt, der ihn zum Besitzer, nicht aber zum Eigentümer der Ware macht. Nach außen hin tritt der Kommissionär wie ein gewöhnlicher Händler auf, denn er handelt in eigenem Namen – jedoch auf fremde Rechnung (nämlich des Kommittenten). Der Kommissionär hat gewöhnlich seinen eigenen Kundenstamm.

2 Entscheiden für einen Reisenden oder einen Handelsvertreter

Der spanische Absatzmarkt bekundet ein unerwartetes Interesse an allen Produkten der „study-line". Die Marketingabteilung von Careli erwartet daher zunehmende Umsätze im folgenden Geschäftsjahr und zieht aus Gründen der Kostensenkung in Erwägung, vor Ort einen Reisenden einzustellen.

Gegenwärtig werden Careli-Produkte in Valencia, Barcelona und Madrid durch den spanischen Handelsvertreter Herrn Moran vertrieben. Herr Moran arbeitet seit zwei Jahren für Careli und erhält eine Provision in Höhe von 7 % seines Umsatzes. Ein Reisender würde hingegen ein monatliches Festgehalt („Fixum") von 3.000,00 € zuzüglich einer Provision von 2 % des Umsatzes verdienen.

Folgende Vertriebsangaben zum spanischen Markt liegen vor:

Produktlinie	Umsatz im laufenden Jahr	erwartetes Umsatzwachstum im Folgejahr	erwarteter Umsatz im Folgejahr
business	350.000,00 €	+10 %	
traveller	170.000,00 €	+5 %	
female	400.000,00 €	+15 %	
outdoor	80.000,00 €	−12,5 %	
young-line	——	——	52.500,00 €
Summe:		——	

ARBEITSAUFTRÄGE

1. Errechnen Sie den Gesamtumsatz für Spanien, den Careli im folgenden Geschäftsjahr erwartet.

2. Wie hoch wären die erwarteten minimalen Vertriebskosten im Folgejahr?

3. Stellen Sie in folgender Grafik schematisch dar, wie sich die Vertriebskosten beider Vertriebswege entwickeln würden. Gehen Sie dazu von der vereinfachten Annahme aus, dass keine weiteren Lohnnebenkosten entstehen:

4. Ermitteln Sie mathematisch, ab welchem Jahresumsatz der Reisende weniger Kosten verursacht als der Handelsvertreter.

3 Diskutieren des Vertriebswegs „Factory-Outlet-Center"

In der niedersächsischen Stadt Soltau ist die Errichtung eines Factory-Outlet-Centers geplant, in dem auch das Unternehmen Careli GmbH vertreten sein soll, um dort gemeinsam mit anderen Herstellern erfolgreiche Markenprodukte zu ermäßigten Preisen direkt an Endverbraucher zu verkaufen.

Soltau, was nun?

Ein neues Factory-Outlet-Center im niedersächsischen Soltau scheidet die Gemüter

Das geplante Factory-Outlet-Center (FOC) in Soltau ist seit Beginn der Planungen ein Zankapfel. Etwa 100 namhafte Hersteller von Markenprodukten wie etwa Adidas, Nike, Boss oder Gucci sollen dort auf 20.000 Quadratmetern eigene Markenprodukte zum Schnäppchenpreis anbieten: Ware aus der vergangenen Saison und Artikel mit kleinen Fehlern sollen deutlich unter Preis verkauft werden. Die Auswirkungen auf die Region sind so erheblich wie umstritten.

Betreiber des neuen FOCs ist das amerikanisch-britische Unternehmen BAA McArthur Glen. Es erwartet für diesen Standort langfristig einen Jahresumsatz in dreistelliger Millionenhöhe. Doch die benachbarten Gemeinden Verden, Rotenburg und Lüneburg laufen Sturm gegen den neuen Konsumpalast, dessen 20.000 Quadratmeter Verkaufsfläche der gesamten Verkaufsfläche der Stadt Verden entsprechen. Die zahlreichen nicht bedachten Auswirkungen auf die benachbarten Innenstädte seien „verheerend". Die Stadt Soltau hingegen freut sich über 600 neue Jobs und dringend erforderliche Impulse für den regionalen Tourismus. Der Fiskus sieht im Falle der Realisierung dieses Projektes erheblichen Steuereinnahmen entgegen, die so manches Loch im kommunalen Haushalt stopfen könnten. Entsprechend hat die Stadt Soltau bereits ihren Flächennutzungsplan für den Ortsteil Harber an der Autobahn Hannover-Hamburg geändert.

In Soltau hört man dieser Tage viele Meinungen. Eine Telefonbefragung unserer Redaktion ergab, dass die Mehrzahl der Bürger der Region einer Eröffnung eines FOCs positiv gegenübersteht.

Andererseits weisen Sprecher mehrerer Interessenverbände regelmäßig auf die Vielzahl unerwünschter Auswirkungen in Wirtschaft und Umwelt hin, die mit dem Großprojekt verbunden sind.

BAA McArthur Glen begegnet deshalb politischen Widerständen mit kleinen Bonbons wie etwa einer Millionen Euro für Kunst, Kultur und Tourismus im Einzugsbereich des FOCs. Darüber hinaus will der Großinvestor den Kommunen 76.700,00 € für „innerstädtische Synergiemaßnahmen" überweisen. Außerdem sollen Firmen aus den Landkreisen Rotenburg, Soltau-Fallingbostel, Verden, Uelzen, Celle und Lüneburg bei Auftragsvergaben zu 50 % berücksichtigt werden. Das entspricht einem Auftragsvolumen von rund 25 Millionen €.

Der Direktverkauf ab Werk hat sich in Deutschland immer mehr durchgesetzt: Es gibt rund 1.400 kleine Fabrikläden, allerdings nur wenige FOCs wie z. B. im brandenburgischen Wustermark bei Berlin und Zweibrücken in Rheinland-Pfalz. Viele solcher Projekte wurden nicht genehmigt oder vor Gericht gestoppt, dabei schätzt man den Bedarf in Deutschland auf über 100 solcher FOCs.

In den USA gibt es bereits 300 solcher Zentren in Gestalt hochmoderner Shopping-Malls mit Cafés, Restaurants und Großkinos. Schließlich ist Amerika das Land der unbegrenzten Möglichkeiten.

Seitdem die Pläne bekannt geworden sind, wird dieses neue Einkaufszentrum von allen Seiten heftig diskutiert. Aus diesem Anlass ist in Kürze im Rathaus der Stadt Soltau eine Podiumssitzung mit Sprechern verschiedener Interessengruppen geplant, die live im Fernsehen (N3) übertragen werden soll.

ARBEITSAUFTRÄGE

1. Informieren Sie sich in Kleingruppen in dem Zeitungsartikel aus dem Bremer Kurier über die Hintergründe und bereiten Sie sich als Vertreter Ihrer Interessengruppe auf die Diskussion vor. Sie erhalten dazu eine Rollenkarte mit den erforderlichen Informationen von Ihrem Lehrer.

2. Sofern Sie Zuschauer der Diskussion sind, beantworten Sie bitte folgende Fragen:

   a) Welche Beiträge haben Sie besonders überzeugt?
   b) Welche Beiträge fanden Sie nicht überzeugend?
   c) Wie beurteilen Sie die Moderation?
   d) Welche Aspekte kamen in der Diskussion zu kurz?

4   Gegenüberstellen von Chancen und Risiken des Electronic-Commerce

Die Careli GmbH erwägt, neben den bisherigen Vertriebswegen ihre Produkte zusätzlich auch über das Internet in einem Webshop zu vertreiben. Dabei wird nur B2B („Business-to-Business"), nicht aber B2C („Business-to-Consumer") in Betracht gezogen. Um eine fundierte Entscheidung treffen zu können, sollen zunächst die wichtigsten Chancen und Risiken dieses neuen Vertriebswegs gegenübergestellt werden.

ARBEITSAUFTRAG

1. Stellen Sie die aus Ihrer Sicht wichtigsten Chancen und Risiken des E-Commerce für die Careli GmbH gegenüber und dokumentieren Sie diese in nachfolgender Tabelle:

Electronic-Commerce	
Chancen	**Risiken**

2. Welche Informationen muss die Careli GmbH beschaffen, um eine fundierte Entscheidung treffen zu können?

5 Entwickeln eines B2B-Webshops

In den letzten Monaten erkundigten sich immer mehr Einzelhändler bei der Careli GmbH nach der Möglichkeit, Produkte online zu bestellen. Vor allem jüngere Einzelhändler machen zunehmend von diesem Vertriebsweg Gebrauch.

Die Marketingabteilung der Careli GmbH hat daraufhin beschlossen, einen eigenen B2B-Webshop für den Einzelhandel einzurichten. Gleichzeitig soll auch ein neues Unternehmenslogo entwickelt werden, da das bisherige Logo nicht mehr zeitgemäß ist. Das Vorhaben soll im Rahmen eines hausinternen Projekts durchgeführt werden.

Projektauftrag

Entwickeln Sie einen Webshop mit einem neuen Unternehmenslogo für die Careli GmbH. Berücksichtigen Sie dabei folgende Anforderungen:

Anforderungen an den Webshop

- Die Informationen zur Careli GmbH aus Kapitel A werden berücksichtigt.
- Alle Produkte sind mit Foto (Dummy[1]) und Beschreibung enthalten.
- Alle Produktbeschreibungen sind standardisiert aufgebaut.
- Die allgemeinen Geschäftsbedingungen (AGB) können sowohl online eingesehen als auch als PDF heruntergeladen werden.
- Das neue Unternehmenslogo
  - passt stilistisch zur Careli GmbH und ihren Produkten,
  - kann (für Werbezwecke des Handels) heruntergeladen werden.
- Die Kunden der Careli GmbH können zwischen folgenden Zahlungsarten wählen:
  - Kreditkarte
  - Bankeinzug
  - Nachnahme
  - Rechnung.

Empfehlungen zur Vorgehensweise

1. Entwickeln Sie zunächst ein neues Unternehmenslogo und speichern Sie es als PDF-Datei ab.

2. Beschaffen Sie alle erforderlichen Fotos der Careli-Produkte (Dummys) und speichern Sie diese im PDF-Format ab.

3. Verfassen Sie realistische Geschäftsbedingungen (AGB) für die Careli GmbH und speichern Sie diese als PDF ab. Übernehmen Sie ggf. AGB eines Wettbewerbers und passen Sie diese an.

4. Recherchieren Sie verfügbare Freeware zur Erstellung eines Webshops und wählen Sie eine (im Idealfall gut bewertete) Freeware aus.

5. Bauen Sie nun den Shop gemäß Angaben des Anbieters auf und binden Sie Ihre zuvor erstellten Dateien ein.

6. Laden Sie Ihren Webshop auf einen verfügbaren Server hoch.

7. Testen Sie Ihren neuen Webshop auf Funktionsfähigkeit.

8. Präsentieren Sie Ihr Projektergebnis.

---

1 Dummy = Attrappe

Kompaktwissen

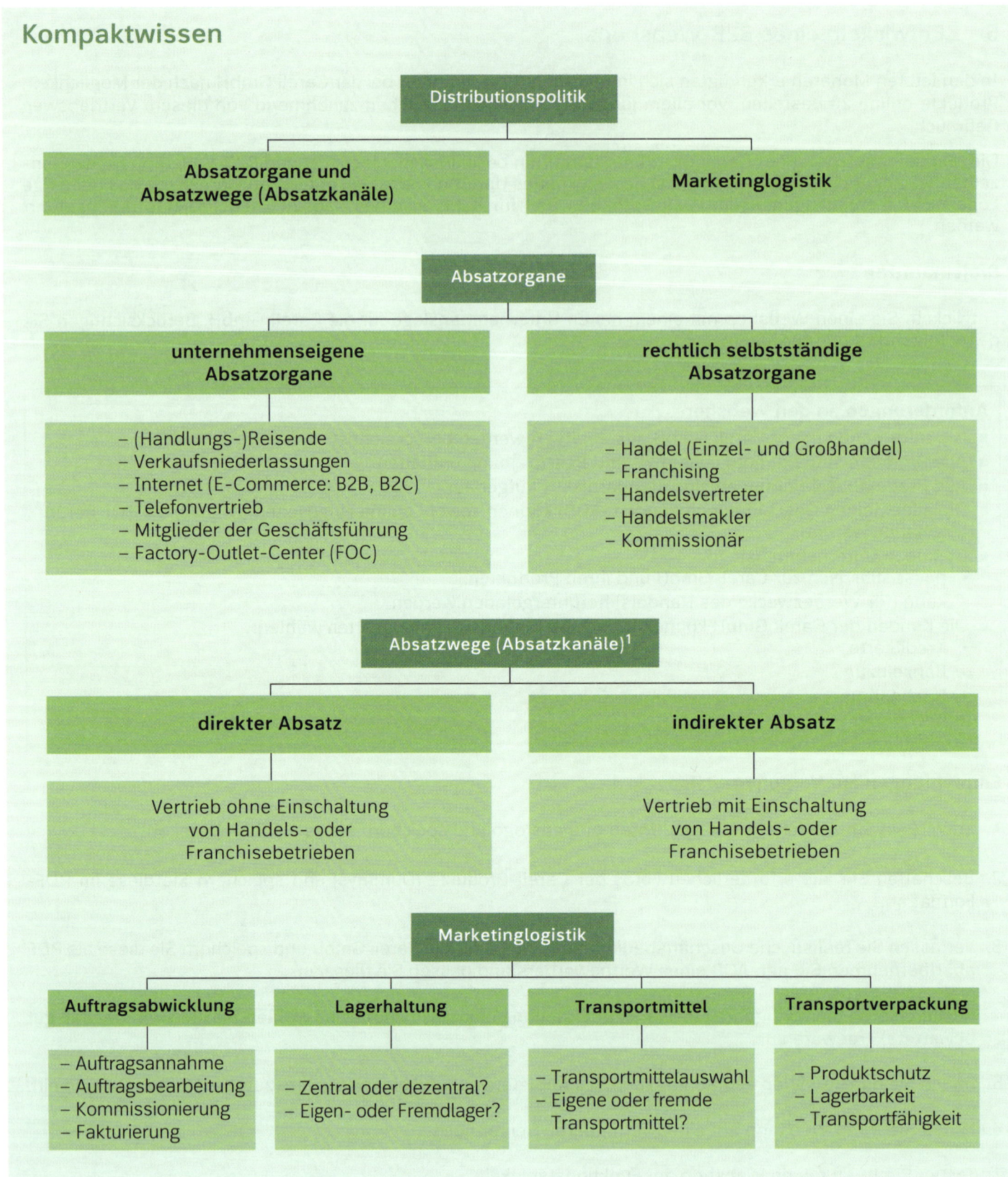

---

1 Der Begriff ist in der Literatur uneinheitlich definiert, gelegentlich wird der direkte Absatz mit dem Vertrieb über unternehmenseigene und der indirekte Absatz mit dem Vertrieb über rechtlich selbstständige Absatzorgane gleichgesetzt.

Vertiefungsaufgaben

1. Prüfen Sie, welche der folgenden Aussagen zu Handelsvertretern und Reisenden richtig ist und begründen Sie Ihre Ansicht.

a) Der Handelsvertreter ist ein Angestellter des Unternehmens, für das er tätig ist.

b) Der Handelsvertreter erhält ein Fixum und eine umsatzabhängige Provision für seine Leistungen.

c) Rechte und Pflichten des Handelsvertreters ergeben sich aus dem BGB.

d) Der Reisende erhält lediglich eine umsatzabhängige Provision für seine Leistungen.

e) Der Franchisenehmer ist beim Franchisegeber beschäftigt.

f) Der Reisende präsentiert dem Kunden die Produkte seines Arbeitgebers.

g) Der Handelsvertreter ist ein selbstständiger Kaufmann, der in eigenem Namen und auf eigene Rechnung Verträge abschließt.

h) Der Handelsvertreter erhält eine Delkredereprovision für besonders erfolgreiche Vertragsabschlüsse.

2. Der Sportschuhhersteller Schiebel steht vor der Alternative, Reisende oder Handelsvertreter einzusetzen. Für die Reisenden muss das Unternehmen ein monatliches Fixum von 20.000,00 € sowie 4 % Umsatzprovision bezahlen; die Vertreter erhalten 9 % Umsatzprovision. Der erwartete Monatsumsatz liegt bei 500.000,00 €.

a) Überprüfen Sie rechnerisch und zeichnerisch, ob der Einsatz von Reisenden unter den gegebenen Bedingungen lohnt.

b) Ermitteln Sie rechnerisch den kritischen Umsatz, bei dem Reisende und Handelsvertreter dieselben Kosten verursachen.

c) Schiebel beabsichtigt, zukünftig auch den ungarischen Markt zu beliefern, welchen er noch nicht näher kennt. Überlegen Sie, ob dort eher ein Reisender oder ein Handelsvertreter eingesetzt werden sollte, und begründen Sie Ihre Meinung.

3. Die kaufmännische Angestellte Nörenberg will sich den Traum eines eigenen vegetarischen Restaurants erfüllen. Dazu überlegt sie, ob sie ihr Restaurant völlig eigenständig betreiben oder einen Franchisebetrieb einer vegetarischen Restaurantkette eröffnen sollte. Welche Vor- und Nachteile könnten für Frau Nörenberg mit so einem Franchisevertrag verbunden sein?

_____

_____

4. Klavierbauer Liebenthron muss sich vor dem Hintergrund wachsender Auftragseingänge entscheiden, ob er für den Transport seiner Instrumente zum Kunden einen eigenen Lkw erwerben oder weiterhin eine Spedition beauftragen soll. Ein eigener LKW verursacht jährlich feste Kosten in Höhe von 12.000,00 €, die Kosten je km belaufen sich dabei auf 0,80 €. Die Spedition stellt den gefahrenen Kilometer mit 1,80 € in Rechnung. Wie kann Liebenthron die günstigere Alternative für sich herausfinden?

_____

_____

5. Der Spielwarenhersteller Schmidt (Stofftiere und Chemiebaukästen) benötigt neue Lagerkapazitäten und steht vor der Frage, ob er ein großes Zentrallager oder mehrere kleinere dezentrale Lager einrichten soll. Was spricht aus Ihrer Sicht für ein Zentrallager und was für dezentrale Lagerung?

_____

_____

6. Beurteilen Sie das Just-in-time-Konzept im Hinblick auf betriebswirtschaftliche und ökologische Gesichtspunkte.

_____

_____

H Kommunikationspolitik

Praxisfall „Careli GmbH"

1 Analysieren von Techniken der Werbepsychologie

ARBEITSAUFTRÄGE

1. Stellen Sie die im nachfolgenden Infotext erläuterten werbepsychologischen Techniken in einer Baumstruktur oder in einer Mindmap übersichtlich dar.

2. Erläutern Sie, inwiefern die folgenden Werbeanzeigen werbepsychologische Techniken einsetzen.

Eingesetzte Werbetechniken: _____

_____

Eingesetzte Werbetechniken: _____

_____

_____

_____

_____

Infotext: Techniken der Werbepsychologie[1]

Aufmerksamkeit erzeugen

Seit einigen Jahrzehnten sind die Konsumenten ständig unzähligen Werbeinformationen aus zahllosen Medien ausgesetzt, die sie unmöglich vollständig verarbeiten können. Diesen Zustand nennt man „Informationsüberlastung". Der Mensch filtert dabei von Natur aus solche Informationen aus, die für ihn nicht von Bedeutung sind. Ein Großteil der Werbungen wird daher überhaupt nicht wahrgenommen.

Aus diesem Grund versucht jede Werbung zunächst, Aufmerksamkeit beim Konsumenten zu erregen. Dazu werden sogenannte **„Aktivierungstechniken"** eingesetzt, welche evolutionär entwickelte Reaktionsmuster nutzen, die im Stammhirn des Menschen beheimatet sind. Aktivierung ist ein Zustand erhöhter innerer Erregung oder Wachheit, der dazu führt, dass sich der Empfänger unwillkürlich einem ausgewählten Reiz zuwendet („Orientierungsreaktion"), sich aktiv mit dem Reiz beschäftigt und abhängig vom Grad der Aktivierung den Reiz in Erinnerung behält. Man unterscheidet dabei drei Arten von Reizen:

- **Physisch intensive Reize:** Dazu gehören alle Arten von großen, lauten, eindringlichen oder farbintensiven Reizen.

  Beispiele: Flächen mit auffälligen Farben, starke Kontraste, große fett gedruckte Buchstaben, mehrseitige Werbeanzeigen, laut und eindringlich gesprochene Radiospots

- **Emotionale Reize:** Hierbei handelt es sich um biologische Schlüsselreize, die automatisch ein bestimmtes Gefühl auslösen.

  Beispiele: Erotische Reize wie etwa ein großzügiges Dekolleté, niedliche Kinder- oder Tierköpfe mit großen Augen („Kindchenschema"), welche unwillkürlich Schutzinstinkte auslösen, oder ein Augenpaar, welches dem Betrachter wiederum in die Augen schaut und unwillkürlich als mögliche Gefahr wahrgenommen wird

- **Überraschungsreize:** In diesen Zusammenhang gehören alle Arten von Überraschungen, die durch gedankliche Widersprüche bzw. Unverhältnismäßigkeiten oder durch das Verstoßen gegen vorhandene Vorstellungen beim Betrachter ausgelöst werden. Diese Technik spielt bei humorvollen Werbungen eine Hauptrolle.

  Beispiele: für überraschende Headlines (Kopfzeilen) sind: „Reißt den Kölner Dom ab!" (Anzeige deutscher Zeitschriftenverlage), „Nicht weiterlesen!" (Deutsche Telekom) oder „Mieten Sie uns pleite!" (Sixt)

Kundennutzen versprechen

Unter Berücksichtigung der Positionierung der Marke verspricht die Werbung dem Kunden einen besonderen Nutzen des beworbenen Produkts. Dabei ist zwischen Grundnutzen und Zusatznutzen zu unterscheiden:

- **Grundnutzen:** Die Werbung verspricht einen objektiv nachweisbaren Nutzen des Produkts.

  Beispiel: Der Installateur präsentiert vor laufender Kamera die Auswirkung unterschiedlicher Waschmittel auf die Verkalkung von Waschmaschinenteilen.

- **Zusatznutzen:** Die Werbung verspricht offen oder verdeckt die Befriedigung allgemeiner menschlicher Grundbedürfnisse:
  - **Zugehörigkeit und Anerkennung:** typisch bei Werbung für Textilien, Handys, Getränke
  - **Wertschätzung durch Status und Prestige:** typisch bei Werbung für Automobile, Uhren
  - **Erotik:** typisch bei Werbung für Kosmetika, Textilien, Körperpflegeprodukte
  - **Sicherheit:** typisch bei Werbung für Versicherungen, Aidsprävention
  - **Freiheit und Naturverbundenheit:** typisch bei Werbung für Touristik, Zigaretten, Automobile

---

1 in Anlehnung an Werner Kroeber-Riel, Franz-Rudolf Esch: Strategie und Technik der Werbung, 6. Auflage, Kohlhammer Verlag, Stuttgart, 2004

Beeinflussungstechniken einsetzen

■ **Kognitive Techniken:** Der Kunde wird gedanklich beeinflusst. Dabei lassen sich drei Ebenen unterscheiden:

- **Informieren:** Die Werbung informiert den Konsumenten sachlich über Produktmerkmale.
- **Argumentieren:** Die Werbung setzt eine systematisch aufgebaute Beweisführung ein, um den Kunden zu überzeugen. Die logische Schlussfolgerung besteht darin, dass man das Produkt kaufen sollte.

  Beispiel: Eine Versicherung rechnet Sicherheit im Alter durch Auswahl ihres Produkts vor.

- **Assoziationen[1] nutzen:** Die Werbung nutzt eingespielte Denkgewohnheiten und automatische gedankliche Verknüpfungen. Diese Technik wird häufig eingesetzt, um das Vertrauen des Konsumenten zu gewinnen.

  Beispiele: Der Zahnarzt erläutert in seiner Praxis die erfolgreiche Wirkungsweise einer Zahncreme: Der Konsument assoziiert dabei wissenschaftliche Fachkompetenz. Ein weiteres Beispiel ist die sogenannte „Substantivtechnik", die dem Konsumenten mithilfe künstlich geschaffener Substantive (z. B. Pflegeformel, Tiefenwirkung, Waschkraft, Mobilitätsgarantie, Verwöhnaroma, Kurvenstabilität) eine Scheinobjektivität vortäuscht.

■ **Emotionale Techniken:** In den letzten Jahrzehnten hat die Werbung oft versucht, Kunden von den Vorteilen der Produkte zu überzeugen. Häufig interessieren sich Konsumenten aber selbst dann nicht für ein Produkt, wenn sie dessen Eigenschaften für gut halten. Heute weiß man, dass Emotionen für ein Produkt (Gefühle wie z. B. Prestige, Abenteuer, Erotik, Jugendlichkeit, Sportlichkeit, Frische, Gemütlichkeit, Geselligkeit, Geborgenheit usw.) für Image und Einstellung des Konsumenten und damit für sein Kaufverhalten häufig ausschlaggebender sind als objektive Produktvorteile. Mit folgenden emotionalen Techniken versucht die Werbung, die Gefühle der Konsumenten zu nutzen:

- **Atmosphäre aufbauen:** Eine angenehme Atmosphäre in der Werbung fördert die Aufnahme, Verarbeitung und Einprägung der Werbebotschaft. Außerdem wird das Produkt langfristig positiver beurteilt, wenn die Werbung eine solche Atmosphäre erzeugt. Das geschieht beispielsweise durch schöne Landschaften, gesellige Partystimmung im Hintergrund des Produkts oder schöne Frauen in Motorradkatalogen. Der Zusammenhang von Behaltensleistung und emotionaler Intensität wurde von Rosenstiel und Neumann nachgewiesen[2]:

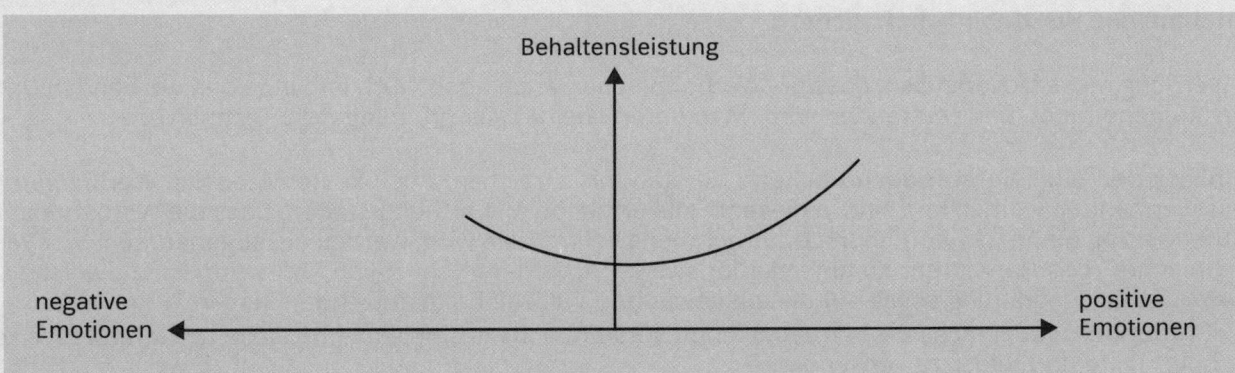

- **Emotional Konditionieren:** Die Werbung lässt den Konsumenten Gefühle erlernen: Wird ein Produkt immer wieder mit ein und demselben emotionalen Reiz (z. B. stimmungsvolle Landschaft) dargeboten, so wird dieses Produkt in der Wahrnehmung des Konsumenten nach und nach emotional „aufgeladen": Das Produkt selbst erhält nun einen emotionalen Erlebnisgehalt (Beispiele: BMW – Sportlichkeit, Coca-Cola – Jugend, Marlboro – Freiheit und Abenteuer). Diese Technik bezeichnet man als „emotionale Konditionierung". Emotionale Konditionierung beruht auf dem Prinzip der „klassischen Konditionierung", welche auf den russischen Verhaltensforscher Pawlow (1849–1936) zurückzuführen ist. Pawlow fand in einem Experiment mit Hunden heraus, dass bestimmte Reaktionen auf Reize im Laufe der Zeit an neue Reize geknüpft werden können: Immer wenn die Hunde gefüttert wurden (was bei Hunden grundsätzlich erhöhte Speichelbildung auslöst), läutete Pawlow mit einer Glocke. Nach einigen Wochen reichte das Klingeln mit der Glocke ohne Fütterung aus, um beim Hund die erhöhte Speichelbildung auszulösen.

---

1 Assoziation: Verbindung, Verknüpfung
2 Peter Hofstätter: Psychologie, Fischer Verlag, Frankfurt, 1981, S. 123; vgl. Lutz von Rosenstiel, Peter Neumann: Einführung in die Markt- und Werbepsychologie, Wissenschaftliche Buchgesellschaft, Darmstadt, 1982

- **Emotionale Assoziationen nutzen:** Neben kognitiven Assoziationen können beim Menschen auch emotionale Assoziationen genutzt werden, also Verknüpfungen von Reizen mit Gefühlen.
  - **Farben:** In mehreren Untersuchungen konnte festgestellt werden, dass Hausfrauen ein und dasselbe Waschmittel in blauen Verpackungen für schonender hielten als in gelben Verpackungen und dass Versuchspersonen blaugrüne Räume kälter erschienen als rote mit identischer Temperatur. Die Werbepsychologie geht von folgenden Farbwirkungen aus[1]:

Farbe	Wahrnehmungen und Assoziationen beim Konsumenten
Rot	heiß, laut, süß, fest, erregend, herausfordernd, mächtig, stark
Orange	warm, trocken, süß, lebendig, heiter, anregend, freudig
Gelb	leicht, glatt, hell, anregend, fröhlich, frei
Grün	kühl, bitter, fruchtig, Gesundheit, Lebenskraft, jung, gelassen
Blau	kalt, nass, glatt, fern, seriös, passiv, beruhigend, zurückgezogen
Violett	samtartig, faulig-süß, würdevoll, unglücklich
Braun	warm, behaglich, schwer, genussvoll
Rosa	süßlich, weich, leicht, zärtlich, verspielt
Schwarz	drohend, hart, vornehm, elegant, kompromisslos

  - **Bilder:** Mit Bildern können komplexe Informationen übermittelt und damit entsprechende emotionale Assoziationen in Bruchteilen einer Sekunde ausgelöst werden, welche entweder natur- oder erfahrungsbedingt (z. B. freundlicher Gesichtsausdruck, gemütliche französische Straßencafés) aufgebaut werden.
  - **Worte:** Viele Worte sind mit emotionalen Assoziationen verknüpft. Die Werbung setzt zielgerichtet Worte ein, die üblicherweise positive Emotionen auslösen (Beispiele: Pflege, Genuss, Abenteuer).
  - **Klänge:** Unterschiedliche Arten von Musik können beim Menschen bestimmte Gefühle auslösen (z. B. Sehnsucht, Romantik, Aggression), ebenso verhält es sich mit dem Klang menschlicher Stimmen (z. B. väterlich beschützend, kraftvoll entschlossen, erotisch).

Aufnahme der Werbebotschaft sichern

Die Werbung muss sicherstellen, dass die Werbebotschaft auch tatsächlich im Sinne des werbenden Unternehmens aufgenommen und verstanden wird. Man unterscheidet vier grundlegende Techniken:

- **Einsatz der „vier Verständlichmacher":** Verständnis erreichen: Auch kostenintensive Werbungen können missverstanden werden und sind in diesem Falle erfolglos. Um sicherzustellen, dass die Werbebotschaft von Anfang an im Sinne des werbenden Unternehmens verstanden wird, werden die sogenannten „vier Verständlichmacher" des Hamburger Kommunikationswissenschaftlers Schulz von Thun eingesetzt, welche sich auf Text- und Bildgestaltung sowie auf die ausgewählten Werbeinhalte anwenden lassen:
  - **Einfachheit:** Jeder muss die Werbebotschaft verstehen, dazu sind einfache, selbsterklärende Worte, Symbole, Texte und Bilder zu verwenden.
  - **Ordnung/Struktur:** Um etwas verständlich zu machen, versucht man stets, komplexe Informationen in eine übersichtliche Ordnung zu bringen. Beispiele sind Absätze und Zwischenüberschriften bei Texten oder eine inhaltliche Sachstruktur (roter Faden) in einer Argumentation.
  - **Kürze/Prägnanz:** Um etwas verständlich zu vermitteln, sollte man auf Details und komplexe Zusammenhänge verzichten und sich stattdessen auf die Kernbotschaft beschränken. Die Werbeforschung empfiehlt z. B., dass eine Headline maximal acht Worte enthalten sollte.
  - **Stimulanz:** Sachverhalte werden besser verstanden, wenn sie stimulierend (anregend) vermittelt werden. Das geschieht etwa durch den Einsatz von Farben, Bildern, Symbolen und Geschichten, durch Humor sowie über rhetorische Figuren (z. B. die Alliteration[1] „Geiz ist geil").
- **Abstimmung von Bild und Text:** Um eine Botschaft problemlos auffassen und verstehen zu können, ist es erforderlich, dass Bilder und Texte aufeinander abgestimmt sind, sonst wird der Betrachter irritiert und die Werbebotschaft verwässert.

---

1 vgl. Hans-Jürgen Rogge: Werbung, Kiehl Verlag, Ludwigshafen, 2004, S. 227; Gerold Behrens: Werbung, Vahlen Verlag, München, 1996, S. 57

- **Blickführung zum Produkt:** Die Werbung muss sicherstellen, dass der Blick des Betrachters nicht vom Werbeobjekt abgelenkt, sondern dort hingeführt wird. Zu diesem Zweck können systematische Blickverlaufsstudien durchgeführt werden. Der Betrachter muss sich vor allem an das Produkt erinnern – und nicht an die Werbung.
- **Hierarchischer Informationsaufbau:** Man weiß heute, dass sich Leser einer Zeitschrift durchschnittlich maximal zwei Sekunden mit einer Werbeanzeige beschäftigen, dann bricht der Kontakt ab[2]. In diesen zwei Sekunden muss daher die Werbebotschaft angekommen sein. Einige Werbeforscher verlangen daher, dass die eigentliche Werbebotschaft bereits in der Headline enthalten sein sollte. Um die wichtigsten Informationen zu sichern und weitere Informationen bereitzustellen, geht man hierarchisch vor:

DIE WICHTIGSTE BOTSCHAFT

die zweitwichtigste Botschaft

die drittwichtigste Botschaft

Werbebotschaft verankern

Der Mensch vergisst von Natur aus die Informationen, die für ihn von nachrangiger Bedeutung sind bzw. mit denen er nicht regelmäßig konfrontiert wird. Dieser Zusammenhang wird in der sogenannten „Vergessenskurve" dargestellt (Abb. 1[3]). Wird die Werbebotschaft beständig wiederholt, so erinnern sich die Kunden langfristig besser (Abb. 2[4]).

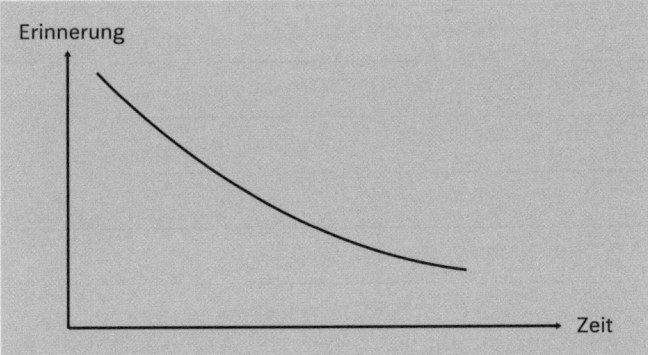

Abb. 1: Vergessenskurve

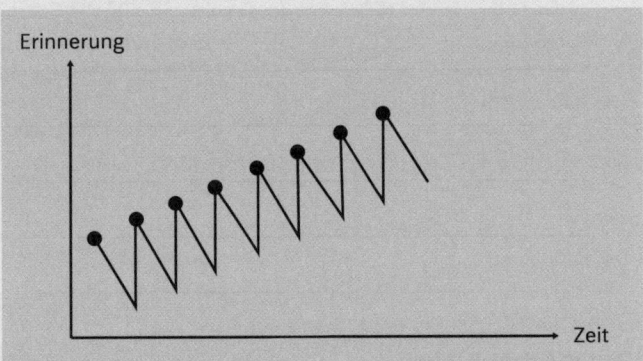

Abb. 2: Werbeerinnerungskurve bei acht Schaltungen

Die eingesetzten Werbetechniken lösen auf diese Weise nachhaltige gedankliche und emotionale Vorgänge aus, welche als Mosaikbausteine eines Images (diffuses Vorstellungsbild) bzw. einer Einstellung angesehen werden können. Da die Einstellungen von heute das Verhalten von morgen bestimmen, kann Werbung in bestimmten Grenzen das Kaufverhalten der Konsumenten beeinflussen.

---

1 Bei aufeinander folgenden Wörtern ist der Anlaut gleich.
2 vgl. Werner Kroeber-Riel, Franz-Rudolf Esch: Strategie und Technik der Werbung, Kohlhammer Verlag, Stuttgart, 2004, S. 17
3 vgl. Günter Schweiger, Gertraut Schrattenecker: Werbung, Lucius und Lucius Verlag, Stuttgart, 2005, S. 189
4 vgl. ebd., S. 190

2   Entwickeln eines Werbe- und Mediaplans

Die neu entwickelte Schul- und Freizeittasche (Collegetasche) befindet sich nun in der Produktion und soll am 1. Juli des Folgejahres auf dem deutschen Markt eingeführt werden. Um der Zielgruppe das Produkt bekannt zu machen, plant die Marketingabteilung der Careli GmbH für das Folgejahr eine bundesweite Einführungswerbe- kampagne in überregionalen Zeitschriften (mit einer Reichweite von mindestens 0,5 Mio. Lesern). Das Jahres- werbebudget für die Schaltung der Zeitschriften beläuft sich auf 225.000,00 €.

ARBEITSAUFTRAG

Erstellen Sie mithilfe des nachfolgenden Infotextes einen Werbe- und Mediaplan für die Bewerbung der neuen Schul- und Freizeittasche der Careli GmbH im Folgejahr. Greifen Sie für die Erstellung des Mediaplans (Seite 108) auf die Anzeigenpreisliste (Seite 110) zurück.

Werbeplan
1.   Situationsanalyse
2.   Werbeobjekt

3. **Zielgruppe**

_____

_____

_____

_____

4. **Werbebudget**

_____

5. **Werbeziele**

_____

_____

_____

_____

6. **Werbebotschaft**

_____

_____

_____

7. **Streugebiet**

_____

_____

8. **Streuweg**

_____

_____

9. **Reichweite**

_____

10. **Streuzeit**

_____

_____

_____

Infotext: Werbe- und Mediaplanung

Einordnung

Eine professionelle Werbekampagne setzt eine systematische Werbe- und Mediaplanung voraus. Diese beantwortet im Kern die Frage: _„Wer will was, bei wem, bis wann, womit erreichen"?_ Ein aussagefähiger Werbeplan ist folgendermaßen aufgebaut:

1. Situationsanalyse

In einem ersten Schritt sind das werbende Unternehmen und sein Umfeld zu analysieren:

- Um was für ein Unternehmen handelt es sich (Produkte, Image, Bekanntheitsgrad)?
- In welchem Markt bzw. Marktsegment will das Unternehmen auftreten?
- Welche Wettbewerber gibt es dort und wie positionieren sich diese?

2. Werbeobjekt

In Bezug auf das zu bewerbende Produkt sind folgende Fragen zu beantworten:

- Was genau ist zu bewerben (Produkt, Produktgruppe, Produktprogramm)?
- Welche Eigenschaften und welche besonderen Stärken hat das Produkt?
- Welches Alleinstellungsmerkmal („USP") hat das Produkt gegenüber den Wettbewerbern?

3. Zielgruppe (Werbesubjekte, Streukreis)

Die zu bewerbenden Personen sind möglichst genau zu beschreiben in Bezug auf

- **demografische Merkmale,** z. B. Alter, Geschlecht, Einkommen, Beruf
- **psychografische Merkmale,** z. B. Interessen, Einstellungen, Lebensstil

4. Werbebudget

Bei der Bestimmung des Werbebudgets kann sich die Marketingabteilung an drei Größen orientieren:

- **Umsatz/Gewinn:** Das Werbebudget wird als prozentualer Anteil vom Umsatz/Gewinn („zyklische Werbung") oder gegenläufig zum Umsatz/Gewinn („antizyklische Werbung") bestimmt.
- **Wettbewerbsbudget:** Das Werbebudget orientiert sich am Werbebudget relevanter Wettbewerber. Dieses muss geschätzt werden.
- **Werbeziele:** Das Werbebudget ist abhängig von den Werbezielen. In diesem Falle werden erst die Werbeziele formuliert und dann das Werbebudget daraus abgeleitet.

5. Werbeziele

Qualifizierte Werbeziele müssen, wie auch die Marketingziele, stets „SMART" (spezifisch, messbar, angemessen, realistisch und terminiert, siehe Seite 27) formuliert werden. Typische Werbeziele sind:

■ **Bekanntheitsgrad**	Beispiel:	Bis zum 01.09.20.. ist 80 % der befragten Personen die Marke „Oil of Olaz" bekannt.[1]
■ **Image**	Beispiel:	Bis zum 01.09.20.. denken 65 % der befragten Personen bei der Marke „Lufthansa" an hohen Flugkomfort
■ **Information**	Beispiel:	Bis zum 01.09.20.. kennen 70 % der befragten Personen die Motorleistung und die Beschleunigungswerte des neuesten Tesla Modells.
■ **Emotion**	Beispiel:	Bis zum 01.09.20.. verbinden 75 % der befragten Personen mit der Marke „Malboro" Freiheit und Abenteuer.

---

[1] Hier kann noch einmal die „gestützte Bekanntheit" (den Befragten wird eine Liste vorgelegt) und die ungestützte Bekanntheit (die Befragten können die Marke ohne Hilfe nennen) unterschieden werden.

6. Werbebotschaft

Die Werbebotschaft („Message") ist die Kernaussage, welche die Zielgruppe erreichen soll. Sie muss den Kundennutzen („Consumer Benefit") des Produkts klar und deutlich herausstellen (z. B. „Red Bull entfaltet eine spürbar belebende Wirkung und macht körperlich fit.")

7. Streugebiet

Abhängig von Werbezielen und Werbebudget ist zu entscheiden, ob die Werbung lokal, regional, national oder international geschaltet werden soll.

8. Streuweg

Der Streuweg ist der „Kanal", über den die Werbung an die Zielgruppe getragen wird. Entsprechend sind nun die Werbemittel und die Werbeträger zielgruppenspezifisch zu bestimmen:

- **Werbemittel:** Form, in der die Werbebotschaft dargestellt wird. (Anzeige, Plakat, Spot, Banner usw.)
- **Werbeträger:** Medium, mit dem das Werbemittel übermittelt wird (z. B. Zeitung, TV, Rundfunk, Internet usw.)

9. Reichweite

Bei der „Reichweite" („Reach") handelt es sich um die Anzahl der Zielpersonen, die durch ein Medium mindestens einmal erreicht werden. Die Medienunternehmen geben in ihren Anzeigenpreislisten die Reichweite ihrer Medien stets mit an. Die Einheit ist abhängig vom Medium, z. B. Leser pro Ausgabe („LpA") bei Zeitschriften oder Zuschauer pro Sendung im Fernsehen.

10. Streuzeit

Die Streuzeit ist der Zeitraum, in dem die ausgewählten Medien geschaltet werden sollen. Dabei ist zu bedenken, dass

- viele Kaufentscheidungen in bestimmten Zeiträumen getroffen werden *(z. B. Saisonprodukte wie Bikinis)*
- aufgenommene Informationen in der Regel rasch wieder vergessen werden (siehe Seite 103).

Mediaplan

Aus den bisherigen Inhalten des Werbeplans lässt sich nun ein konkreter Mediaplan ableiten. Dieser weist genau aus, in welchen Zeiträumen welche Werbeträger geschaltet werden sollen und wie sich das Werbebudget auf die einzelnen Werbeträger verteilt.

Beispiel:

Mediaplan: Planjahr 20..						
Werbeträger	Format	Anzahl Schaltungen	Kosten	Jan	Feb	Mrz
1. Presse						
Zeitschrift A	1/1	6	96.000,00			
Zeitschrift B	2/3	4	48.400,00			
Zeitschrift C	1/4	8	36.200,00			
2. TV-Sender						
Sender A	45 Sek.	4	120.000,00			
Sender B	60 Sek.	4	240.000,00			
Sender C	35 Sek.	2	54.600,00			
Gesamtkosten			595.200,00			

Mediaplan: 20 ..															
Werbeträger	Format	Anzahl Schaltungen	Kosten (Euro)	Januar				Februar				März			
				1	2	3	4	1	2	3	4	1	2	3	4
Print															
TV															
Radio															
Web															
Gesamtkosten (Euro)															

Mediaplan: 20 ..																																			
April				Mai				Juni				Juli				August				September				Oktober				November				Dezember			
1	2	3	4	1	2	3	4	1	2	3	4	1	2	3	4	1	2	3	4	1	2	3	4	1	2	3	4	1	2	3	4	1	2	3	4

| Zeitschrift | Anzeigenpreise[1] | | | | | | verkaufte Auflage (Tsd.) | Reichweite (Mio. Leser) | Erscheinungsweise |
| | Formate[2] | | | | | | | | |
	2/1	1/1	2/3	1/2	1/3	1/4			
BRAVO	85.034,00	42.517,00	keine Angabe	27.636,00	17.857,00	16.156,00	180	0,7	14-täglig
Brigitte	106.700,00	53.300,00	42.720,00	34.730,00	29.370,00	keine Angabe	482	2,55	14-täglig
CHIP	36.000,00	18.000,00	12.610,00	9.450,00	6.590,00	4.940,00	178	1,92	monatlich
COSMOPOLITAN	73.000,00	36.500,00	29.200,00	25.550,00	17.155,00	keine Angabe	248	1,63	monatlich
ELLE	60.200,00	30.100,00	23.420,00	20.080,00	14.730,00	keine Angabe	161.000	0,62	monatlich
FOCUS	104.307,00	52.167,00	38.588,00	32.433,00	23.383,00	keine Angabe	474	4,0	wöchentlich
GEO	80.900,00	40.400,00	29.700,00	25.300,00	17.500,00	13.700,00	240	2,96	monatlich
Maxi	49.400,00	24.700,00	19.760,00	17.290,00	11.609,00	8.645,00	164	0,68	monatlich
NEON	48.600,00	24.300,00	18.000,00	15.400,00	11.200,00	9.400,00	112	0,7	monatlich
STERN	126.000,00	63.000,00	47.200,00	40.000,00	28.900,00	24.200,00	719	6,52	wöchentlich
TV Movie	122.196,00	61.098,00	51.933,00	40.936,00	30.549,00	keine Angabe	1.076	5,02	14-täglich
Welt der Wunder	41.920,00	20.960,00	keine Angabe	11.947,00	9.642,00	keine Angabe	193	1,4	monatlich

1 Stand Mai 2016, in den Fällen zeitabhängiger Preiszonen erfolgt die Angabe in Durchschnittspreisen. Aus Vereinfachungsgründen sind hier keine Rabatte angegeben.

2 2/1 bedeutet: doppelseitige Werbung. 1/1 bedeutet: ganzseitige Werbung usw.

3   Gestalten einer Werbeanzeige

ARBEITSAUFTRÄGE

1. Gestalten Sie auf Grundlage Ihres Werbeplans exemplarisch eine Werbeanzeige. Berücksichtigen Sie dabei:

    a) die Vorgaben Ihres Werbeplans sowie
    b) die Ihnen bekannten Techniken der Werbepsychologie.

2. Präsentieren Sie anschließend Ihre Ergebnisse und diskutieren Sie kritisch:

    a) inwiefern Ihre Anzeige die Vorgaben Ihres eigenen Werbeplans berücksichtigt,
    b) wie psychologische Werbetechniken angemessen eingesetzt wurden.

4   Vorbereiten einer Social-Network-Kampagne

Dr. Hanisch denkt darüber nach, neben der traditionellen Werbung auch eine Werbekampagne in einem sozialen Netzwerk zu starten. Da die Careli GmbH nicht über Erfahrungen mit diesen Medien verfügt, soll die Kampagne sorgfältig vorbereitet werden.

ARBEITSAUFTRÄGE

1. Stellen Sie im Rahmen einer Kurzpräsentation mit anschaulichen Screenshots eine Social-Network-Kampagne eines Unternehmens Ihrer Wahl vor, die aus Ihrer Sicht besonders gelungen und vermutlich erfolgreich ist. Begründen Sie Ihre Meinung.

2. Stellen Sie Chancen und Risiken einer Social-Network-Kampagne für die Careli GmbH gegenüber und leiten Sie eine begründete Empfehlung ab.

Chancen und Risiken einer Social-Network-Kampagne	
Chancen	**Risiken**
Fazit	

3. Entwickeln Sie mithilfe des nachfolgenden Infotextes und Ihrer persönlichen Erfahrung ein Konzept für eine Werbekampagne in einem sozialen Netzwerk. Recherchieren Sie bei Bedarf fehlende Informationen. Das Konzept soll folgendermaßen aufgebaut sein:

> 1   Begründete Auswahl eines zielgruppengerechten Netzwerks
>
> 2   Nutzbare Funktionen, Applikationen und sonstige Möglichkeiten, die das Netzwerk bietet
>
> 3   Begründete Entwurfsskizzen der späteren Bildschirmlayouts
>
> 4   Erwartete Kosten

4. Präsentieren Sie Ihre Ergebnisse Ihren Mitschülern.

Infotext: Onlinekommunikation

Klassische Onlinewerbung im Web 1.0

Die klassische Onlinewerbung im Web 1.0 zeichnet sich durch eine einseitige Kommunikation aus, mit anderen Worten: Das Unternehmen sendet einseitig Informationen an die Zielgruppe:

- **Unternehmenswebsite:** Das Unternehmen präsentiert sich und seine Produkte auf einer traditionellen Website. Auf Unterseiten können ausführliche Informationen dargeboten werden.
- **E-Mails/Newsletter:** Standardisierte Informationen können in kürzester Zeit zu sehr geringen Kosten an zahlreiche Personen bzw. Personengruppen versandt werden.
- **Bannerwerbung:** Marken- oder Firmenlogos werden auf anderen Internetseiten platziert und führen die Zielgruppe über einen Hyperlink zur gewünschten Information.
- **Suchmaschinenwerbung:** Das Unternehmen schaltet bezahlte Werbeanzeigen in einer Suchmaschine, die im Zusammenhang mit entsprechenden Suchergebnissen angezeigt werden. Gleichzeitig versuchen die Unternehmen, ihre Website auf den Suchalgorithmus der Suchmaschinen auszurichten, um so bei Suchanfragen möglichst früh gelistet zu werden.

Kommunikation in sozialen Medien im Web 2.0

Das Web 2.0 steht für den Übergang vom passiven Internetkonsumenten zum aktiven Teilnehmer, der auch selbst Inhalte beiträgt und im Austausch mit anderen Internetnutzern kommunizieren kann. Im Web 2.0 findet sich eine Vielfalt sozialer Medien, die von den werbenden Unternehmen in unterschiedlichster Form genutzt werden können. Für die Kommunikationspolitik des betrieblichen Marketings sind folgende soziale Medien besonders interessant:

- **Soziale Netzwerke:** Diese ermöglichen die Kommunikation mit Menschen, die man kennt, in einer Internetgemeinschaft. Dazu legt sich jedes Mitglied ein Profil mit Namen, Foto und weiteren persönlichen Informationen an und knüpft dann Kontakte zu anderen Netzwerkmitgliedern.

  Beispiele: Facebook, Twitter, Google+, XING, LinkedIn, Wer-kennt-wen, StayFriends, Instagram

  Für das betriebliche Marketing eröffnen diese sozialen Netzwerke sehr effektive Möglichkeiten:

  - systematische Nutzung der persönlichen Profildaten der Mitglieder zur Erreichung der gewünschten Zielgruppe (Bündeln zu Segmenten, wie z. B. „alle Jungs, die Fußball spielen")
  - aktiver Weitertransport der Werbebotschaft durch die Zielgruppe (z. B. über den „Gefällt-mir-Button", Fanseiten usw.)
  - vielfältige Möglichkeiten der Marktforschung (z. B. Einbeziehung der Zielgruppe bei der Produktentwicklung, Auswerten unterschiedlicher Kundenstatistiken usw.)
  - Ausbau von Werbe- und Marktforschungsoptionen durch spezifische Applikationen (ansprechende Formen der Benachrichtigung, Einbindung von Spielen, Handynutzung usw.)
- **Communities:** Diese erlauben die Kommunikation mit fremden Personen zum Teilen gemeinsamer Interessen und zum Austausch zu bestimmten Themen (z. B. Youtube, Utopia, Spiele-Communities). Communities können in sozialen Netzwerken eingerichtet werden (z. B. Fanpages bei Facebook).
- **Web-Logs („Blogs"):** Dabei handelt es sich um Internettagebücher, welche in der Regel in der Ich-Perspektive verfasst werden. Der Autor kann beliebige Themen (z. B. Urlaubsreisen mit Fotos und Beschreibungen) in einer nach unten offenen Seite dokumentieren („bloggen"). Dabei sind auch Kommentare und Diskussionen möglich.

Da sich Werbebotschaften durch die neuen Möglichkeiten des Web 2.0 – insbesondere der sozialen Netzwerke – in kürzester Zeit verbreiten können, spricht man auch von **„viralem Marketing"**.

Kompaktwissen

Instrumente der Kommunikationspolitik	
Klassische Werbung	Gezielte Beeinflussung von Menschen im Sinne der Werbeziele (Bekanntheitsgrad, Image, Kaufverhalten usw.) mithilfe von Massenkommunikationsmitteln; dazu werden Werbemittel (z. B. Spots, Anzeigen) entwickelt und in entsprechenden Werbeträgern (z. B. TV, Radio, Zeitschriften) geschaltet.
Onlinekommunikation	• Web 1.0: Unternehmenswebsite, Werbebanner, Anzeigen in Suchmaschinen, Mailings/Newsletter usw. • Web 2.0: soziale Netzwerke, Blogs, Communities usw.
Product-Placement	Unauffällige Platzierung des zu bewerbenden Produkts in Videos oder Filmen (Schleichwerbung); dabei steht die Authentizität (Echtheit) des Produktnutzens im Vordergrund. Offiziell ist Product-Placement in der EU verboten, doch die Vielzahl erlaubter Ausnahmen kommt einer Erlaubnis gleich.
Öffentlichkeitsarbeit Public Relations, PR	Planmäßiger Aufbau vertrauensvoller Beziehungen zwischen dem Unternehmen und der Öffentlichkeit und eines positiven Unternehmensimages, etwa durch Werksbesichtigungen, Pressekonferenzen, Anzeigen, Geschäftsberichte, Diskussionen, Vorträge usw.
Sponsoring	Förderung von Personen oder Organisationen durch die Bereitstellung von Geld, Sachmitteln, Dienstleistungen oder Know-how, im Gegenzug wird der Name des Sponsors deutlich kommuniziert (z. B. T-Shirts einer Fußballmannschaft, Shell-Studie); die Grenzen zur PR verlaufend fließend.
Messen und Ausstellungen	Zeitlich begrenzte und wiederkehrende Marktveranstaltung, auf denen Unternehmen sich und ihre Produkte präsentieren können (z. B. Cebit in Hannover); die Messe erlaubt die zielgruppenspezifische und persönliche Ansprache der Kunden; Ausstellungen richten sich an ein allgemeines Publikum.
Verkaufsförderung	Zeitlich befristete Aktion für Vertriebsmitarbeiter (z. B. Schulungen, Informationsmaterialien, Anreize), Handel (z. B. Schulungen, Displays zur Produktpräsentation) und Konsumenten (z. B. Preisausschreiben, Produktproben usw.)
Direktkommunikation	Alle Maßnahmen zur Anbahnung und Aufrechterhaltung eines persönlichen Kontakts zu bestimmten Adressaten (z. B. Telefonwerbung, persönlich adressierte Werbesendung, Kundenclubs, Kundenkarten; siehe Customer-Relations-Management CRM, Seite 36)
Eventmarketing	Erlebnisorientierte Veranstaltungen zur Erhöhung der Bekanntheit oder zum Ausbau eines Images; im Vordergrund steht die Einbeziehung aller Sinne und die Ansprache der Emotionen (z. B. Musikfestivals, Sportveranstaltungen).

AIDA-Formel zur Werbewirkung:

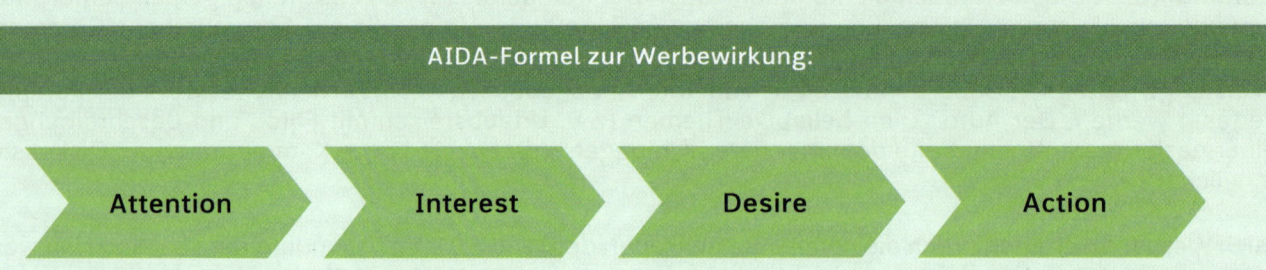

Attention → Interest → Desire → Action

Arten der Werbung	
Werbearten nach Ziel der Werbekampagne	
Einführungswerbung	erstmalige Bekanntmachung des Produkts
Expansionswerbung	Erhöhung von Umsatz und Marktanteil
Erinnerungswerbung	Erhalten des Bekanntheitsgrades
Werbearten nach Zahl der Werbenden	
Alleinwerbung	Ein Unternehmen wirbt für seine Produkte.
Kollektivwerbung	Mehrere Unternehmen werben gemeinsam für ihre Produkte: • Sammelwerbung: Die Unternehmen werden namentlich genannt. • Gemeinschaftswerbung: Die Unternehmen bleiben anonym.
Werbearten nach Technik der Beeinflussung	
Informative Werbung	Der Empfänger wird sachlich informiert.
Suggestive Werbung	Der Empfänger wird manipulativ beeinflusst.
Werbearten nach Werbebudgetierung	
Zyklische Werbung	Mit zunehmendem Umsatz steigen die Werbeausgaben.
Antizyklische Werbung	Mit zunehmendem Umsatz sinken die Werbeausgaben.

Corporate Identity (CI)

Unverwechselbare Identität durch einheitliche Erscheinung nach außen

Corporate Design	**Corporate Behavior**
Einheitliche Verwendung von Gestaltungselementen (Farben, Logos, Schriftzüge usw.)	Einheitliche Verhaltensvorgaben zum Umgang mit Kunden, Mitarbeitern usw.

Inhalte des Werbeplans	
Situationsanalyse	Wie positionieren sich das Unternehmen und die Wettbewerber?
Werbeobjekt	Wofür wird geworben?
Streukreis	Welche Zielgruppe soll beworben werden?
Werbebudget	Wie viel Geld steht für die Werbung zur Verfügung?
Werbeziele	Was genau soll mit der Werbung erreicht werden?
Werbebotschaft	Welche Information soll die Empfänger erreichen?
Streugebiet	Wo soll überall geworben werden?
Streuweg	Welche Werbemittel sollen in welchen Werbeträgern geschaltet werden?
Reichweite	Wie viele Personen sollen erreicht werden?
Streuzeit	Wie oft und wie lange soll geworben werden?

Vertiefungsaufgaben

1. Ordnen Sie den nachfolgend aufgelisteten Maßnahmen der Kommunikationspolitik die richtigen Fachbegriffe der Kommunikationspolitik zu:

Fall	Kommunikationspolitische Maßnahme	Fachbegriff
a)	Eine Brauerei stattet den ortsansässigen Handballverein mit Sportkleidung aus. Im Gegenzug darf sie ihr Logo auf die Shirts drucken.	
b)	James Bond trinkt in seinem neuesten Film eine Coca-Cola, während sein Auftraggeber ihm das Ziel seiner Mission erläutert.	
c)	Ein Lotterieunternehmen versendet landesweit persönlich adressierte Werbebriefe, in denen es auf erhebliche Gewinnchancen hinweist.	
d)	Eine Versicherung schult ihre Außendienstmitarbeiter zu mehreren neuen Produkten, vor allem zu einer Kapitallebensversicherung.	
e)	Ein Gebrauchtwagenhändler stellt in der Samstagsanzeige der regionalen Tageszeitung seine bislang erfolglosen Modelle vor.	
f)	Ein Unternehmen der chemischen Industrie weist in vierfarbigen Anzeigen auf die Umweltfreundlichkeit seiner Produktion hin.	
g)	Ein Softwarehersteller präsentiert auf der CeBit in Hannover ein neues Warenwirtschaftsprogramm.	
h)	Ein Versicherungsunternehmen meldet sich telefonisch bei allen kaufmännischen Auszubildenden.	
i)	Ein Schokoladenhersteller baut in einer Supermarktkette farbige Displays zur optimalen Präsentation seiner Schokoriegel mit Fruchtfüllung auf.	
j)	Ein Handyhersteller erläutert in einer Pressekonferenz seine zukünftige internationale Marketingstrategie.	

2. Nennen Sie Ihnen bekannte Beispiele für Alleinwerbung, Sammelwerbung und Gemeinschaftswerbung.

3. Product-Placement ist ein sehr erfolgreiches Instrument der Kommunikationspolitik. Machen Sie Vorschläge, in welcher TV-Serie Careli die Handtasche „Elena" (Zielgruppe sind Frauen ab 25 Jahren) erfolgreich platzieren könnte. Diskutieren Sie, welche Serie in welchem TV-Kanal Careli wählen sollte.

4. Ein Autohaus aus Ihrer Region plant die Schaltung einer Zeitungsanzeige zur Bewerbung neuer Modelle. Die Anzeige soll quadratisch (etwa 15 cm Kantenlänge) sein.

    a) Wählen Sie eine geeignete Zeitung aus.
    b) Bestimmen Sie den Werbezeitpunkt.
    c) Ermitteln Sie die tatsächlichen Kosten der Schaltung der Anzeige.

5. Warum werben einige Unternehmen in der Praxis zyklisch und andere antizyklisch? Stellen Sie plausible Vermutungen an.

6. Diskutieren Sie die These: „Werbung kann uns alle manipulieren."

7. Bringen Sie Werbeanzeigen aus eigenen Illustrierten mit und erstellen Sie eine Wandzeitung, in der Sie den Einsatz psychologischer Werbetechniken veranschaulichen.

I Marketingcontrolling

Praxisfall „Careli GmbH"

1 Berechnen und Analysieren des Betriebserfolgs

Am Ende des Geschäftsjahres soll der gesamte Betriebserfolg (über alle Produktgruppen) erfasst und eine Abweichungsanalyse vorgenommen werden.

ARBEITSAUFTRÄGE

1. Berechnen Sie alle fehlenden Größen in nachfolgender Tabelle und tragen Sie diese in die leeren Felder ein. Alle Prozentangaben sollen auf eine Nachkommastelle gerundet werden.

	business			traveller			female		
	Soll (Mio. €)	Ist (Mio. €)	Abweichung (%)	Soll (Mio. €)	Ist (Mio. €)	Abweichung (%)	Soll (Mio. €)	Ist (Mio. €)	Abweichung (%)
Umsatz	12	14,9		26	28,8		32	33,8	
Kosten	9	11,5		24	27,5		28	29,5	
Gewinn/ Verlust									

	outdoor			young-line			Gesamt		
	Soll (Mio. €)	Ist (Mio. €)	Abweichung (%)	Soll (Mio. €)	Ist (Mio. €)	Abweichung (%)	Soll (Mio. €)	Ist (Mio. €)	Abweichung (%)
Umsatz	10	4,8		2,5	2,9				
Kosten	8	4,5		5	4,7				
Gewinn/ Verlust									

2. Stellen Sie in aussagefähigen Diagrammen folgende Soll-Ist-Vergleiche zu Erfolgsgrößen der Careli GmbH im abgelaufenen Geschäftsjahr dar:

a) Gesamtumsatz
b) Gesamtgewinn
c) Umsatz der einzelnen Produktgruppen
d) Gewinn/Verlust der einzelnen Produktgruppen

3. Interpretieren Sie die Diagramme und versuchen Sie, Ursachen zu erklären.

_____

_____

_____

_____

_____

_____

2 Berechnen und Analysieren des Werbeerfolgs

In einem zweiten Schritt soll nun auch der Erfolg der Werbemaßnahmen der Careli GmbH kontrolliert werden. Dem Marketing-Controlling liegen dazu nachfolgende Zahlen vor, der Umsatz ist der Betriebsergebnisrechnung (Seite 117) zu entnehmen. Das Werbebudget wurde vollständig aufgebraucht.

Controllingdaten Werbeerfolg (Ist-Werte Geschäftsjahr)	
Anzahl potenzieller Kunden in Deutschland:	45.000.000
Gesamtkosten aller Werbemaßnahmen (€):	3.250.000
Kosten aller Anzeigenkampagnen in verschiedenen Zeitschriften (€):	900.000
Anzahl der erreichten Zeitschriftenleser:	37.500.000
Anzahl potenzieller Kunden, die die Marke „Careli" kennen:	26.500.000
Durch Werbung erzielter Umsatzzuwachs (€):	4.500.000
Anzahl der potenziellen Kunden, welche die Marke „Careli" mit dem gewünschten Image verbinden:	19.000.000

ARBEITSAUFTRÄGE

1. Ermitteln Sie mithilfe des Kompaktwissens auf Seite 120 für das abgelaufene Geschäftsjahr die Ist-Werte sowie die zugehörigen Soll-Ist-Abweichungen nachfolgender Werbekennzahlen der Careli GmbH und analysieren Sie Ihre Ergebnisse.

Werbeerfolgskontrolle Careli GmbH: Geschäftsjahr			
Kennzahl	Soll-Werte	Ist-Werte	Abweichung in %
Ökonomischer Werbeerfolg			
Werbegewinn (€)	1.500.000		
Werberendite (%)	140%		
Tausenderpreis (Anzeigenkampagne, €)	22		
Werbebudgetquote (%)	3%		
Psychologischer Werbeerfolg			
Bekanntheitsgrad (%)	65%		
Imageerfolg (%)	80%		

2. Diskutieren Sie kritisch die Werbekennzahlen „Werbegewinn" und „Werberendite".

_____

_____

_____

_____

_____

_____

3   Berechnen und Analysieren von Deckungsbeiträgen

Schließlich sollen die Deckungsbeiträge der neuen Produktgruppe der Careli GmbH berechnet und analysiert werden. Dem Marketing-Controlling liegen folgende Zahlen vor:

Soll-Ist-Abweichungen: Deckungsbeiträge „young-line"				
	Quartal I	Quartal II	Quartal III	Quartal IV
Umsatz (Tsd. €)	0	0	1.100	1.800
Variable Kosten (Tsd. €)	0	0	957	1.566
Ist-Deckungsbeitrag (Tsd. €)	0	0		
Ist-Deckungsbeitrag (%)	0	0		
Soll-Deckungsbeitrag (%)	0	0	12,0	15,0
Soll-Ist-Abweichung (%)	0	0		

ARBEITSAUFTRÄGE

Bitte bearbeiten Sie die Arbeitsaufträge mithilfe des Kompaktwissens auf der Folgeseite.

1. Berechnen Sie alle fehlenden Größen und tragen Sie diese in die Tabelle ein. Alle Prozentangaben sollen auf eine Nachkommastelle gerundet werden.

2. Stellen Sie nachfolgende Größen in aussagefähigen Diagrammen dar:

   a) Ist-Deckungsbeiträge pro Quartal (in Tsd. €)
   b) Umsatz und variable Kosten pro Quartal (in Tsd. €)
   c) Soll-Ist-Abweichungen der Deckungsbeiträge pro Quartal (in Prozent)

3. Interpretieren Sie Ihre Ergebnisse und erklären Sie mögliche Ursachen.

_____

_____

_____

_____

_____

_____

_____

_____

_____

_____

_____

_____

_____

_____

_____

Kompaktwissen

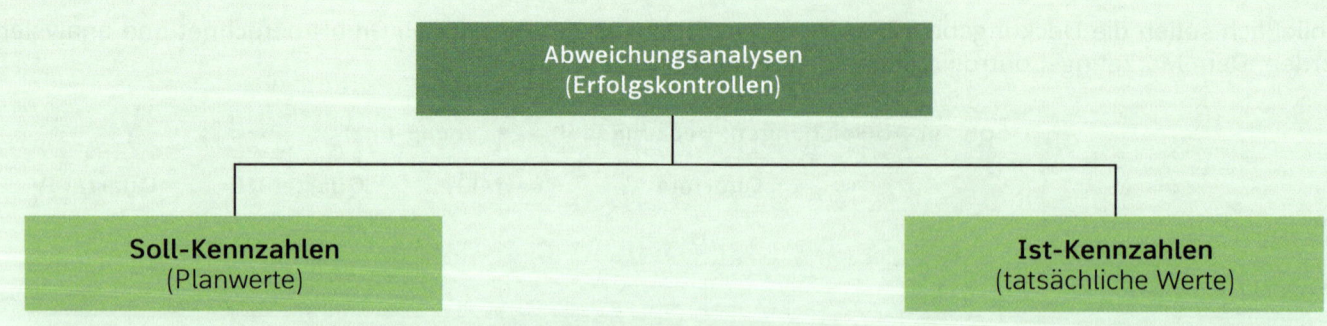

Absolute Kennzahlen	
Umsatz (€)	Preis · Absatzmenge
Kosten (€)	fixe Kosten + variable Kosten
Gewinn/Verlust (€)	Umsatz − Kosten
Deckungsbeitrag (€)	Umsatz − variable Kosten
Werbegewinn (€)	werbebedingter Mehrumsatz − Werbekosten

Relative Kennzahlen	
Marktanteil	$\dfrac{\text{eigener Umsatz} \cdot 100}{\text{Marktvolumen in €}}$ oder $\dfrac{\text{eigener Absatz} \cdot 100}{\text{Gesamtabsatz in Stück}}$
Reklamationsquote	$\dfrac{\text{Anzahl Reklamationen} \cdot 100}{\text{Anzahl Aufträge}}$
Werberendite	$\dfrac{\text{werbebedingter Umsatzzuwachs} \cdot 100}{\text{Werbekosten}}$
Tausenderpreis[1]	$\dfrac{\text{Kosten des Werbemediums} \cdot 1.000}{\text{Anzahl der erreichten Personen}}$
Werbebudgetquote	$\dfrac{\text{Höhe des Werbebudgets} \cdot 100}{\text{Umsatz}}$
Bekanntheitsgrad	$\dfrac{\text{Anzahl potenzieller Kunden, die das Produkt kennen} \cdot 100}{\text{Anzahl potenzieller Kunden}}$
Imagequote	$\dfrac{\text{Anzahl der Kunden, die das Produkt mit dem geplanten Image verbinden} \cdot 100}{\text{Anzahl der Kunden, die das Ziel kennen}}$
Distributionsquote	$\dfrac{\text{Anzahl der Einkaufsorte, die das Produkt anbieten} \cdot 100}{\text{Anzahl der Einkaufsorte, die das Produkt anbieten könnten}}$
E-Commerce-Anteil	$\dfrac{\text{E-Commerce-Umsatz} \cdot 100}{\text{Gesamtumsatz}}$
Deckungsbeitrag (%)	$\dfrac{\text{Deckungsbeitrag} \cdot 100}{\text{Umsatz}}$

---

1 Kosten zur Erreichung von 1.000 Personen

Vertiefungsaufgaben

1. Ordnen Sie nachfolgende Kennzahlen durch Ankreuzen zu:

	Kennzahl	Produktpolitik	Preispolitik	Distributions- politik	Kommunika- tionspolitik
a)	Distributionsquote				
b)	Reklamationsquote				
c)	Bekanntheitsgrad				
d)	E-Commerce-Umsatzanteil				
e)	Stückdeckungsbeitrag				
f)	Tausenderpreis				

2. Ermitteln Sie folgende Kennzahlen der Sanapharm KG. Gehen Sie davon aus, dass das Werbebudget vollständig aufgebraucht wurde.

Controlling Werbekennziffern – Sanapharm KG		
Controllingdaten	**Duschöl**	**Duschgel**
Marktvolumen	14.500.000,00 €	65.000.000,00 €
Umsatz	1.253.400,00 €	2.350.000,00 €
davon durch Werbung erwirtschaftet	315.000,00 €	450.000,00 €
Gesamtkosten	895.000,00 €	1.950.000,00 €
davon durch Werbung verursacht	235.000,00 €	450.000,00 €
variabler Anteil an Gesamtkosten	60,00 %	55,00 %
Kosten TV-Spots	125.000,00 €	320.000,00 €
Kosten Anzeigenkampagne	110.000,00 €	130.000,00 €
Reichweite TV-Spot	6.500.000	22.000.000
Reichweite Anzeigenkampagne	1.600.000	2.200.000
Kennzahlen		
Marktanteil (%)		
Gewinn (€)		
Gesamtdeckungsbeitrag (€)		
Gesamtdeckungsbeitrag (%)		
Tausenderpreis für die TV-Kampagne (€)		
Tausenderpreis für die Anzeigenkampagne (€)		
Werbegewinn (€)		
Werbebudgetquote (%)		
Werberendite (%)		

J Glossar

Absatz, abverkaufte Stückzahl eines Produkts in einer Periode (Tag, Monat, Jahr)

Absatzkanal, ⇒Absatzweg

Absatzorgane, Personen bzw. Organisationen, die das Produkt vom Hersteller bis zum Endverbraucher übermitteln

Absatzweg, *Absatzkanal*, Personen bzw. Organisationen, über die das Produkt vom Hersteller bis zum Endverbraucher gelangt. Man unterscheidet ⇒direkten Absatz und ⇒indirekten Absatz.

Abschlussprovision, ⇒*Provision*

Abschöpfungsstrategie, ⇒Skimmingstrategie

AGB, *allgemeine Geschäftsbedingungen*, vorformulierte, allgemeingültige Vertragsbedingungen (⇒Konditionen), die ein Unternehmen allen Kaufverträgen zugrunde legt

Akquisition, (*lat.: Anschaffung*), Kundenanwerbung

antizyklische Werbung, verstärkter Werbeaufwand bei geringem Unternehmensumsatz. Gegenteil: ⇒zyklische Werbung

B2B, „Business-to-Business", Handelsbeziehung unter Kaufleuten, vor allem im ⇒E-Commerce

B2C, „Business-to-Consumer", Handelsbeziehung zwischen Kaufmann und Endverbraucher, vor allem im ⇒E-Commerce

Branding, ⇒Markierung

Break-even-Point, *Gewinnschwelle*, Absatzmenge eines Produkts, bei der die Summe der Produkterlöse identisch mit der Summe der Produktkosten ist. In diesem Punkt decken die ⇒Deckungsbeiträge exakt die ⇒fixen Kosten.

CI, ⇒Corporate Identity

Corporate Identity, *CI*, Unternehmensstrategie, die ein einheitliches Erscheinungsbild des Unternehmens nach innen und außen verfolgt, etwa durch ein einheitliches Design (Corporate Design) oder einheitliche Verhaltensregeln (Corporate Behavior)

CRM, ⇒Customer-Relationship-Management

Customer-Relationship-Management (CRM), *Kundenbeziehungsmanagement*, Sammelbegriff aller strategischen Maßnahmen zur systematischen Bindung der Kunden an das Unternehmen

Deckungsbeitrag, Differenz aus Erlösen und variablen Kosten eines Produkts, ausgedrückt in Euro oder in Prozent vom Erlös. Man unterscheidet den Stückdeckungsbeitrag (db) und den Gesamtdeckungsbeitrag (DB).

Delkredereprovision, ⇒Provision eines ⇒Handelsvertreters, welcher das Risiko des Zahlungseingangs übernimmt

direkter Absatz, Verkauf der Produkte durch ausschließlich unternehmenseigene Mitarbeiter oder Organisationen. Gegenteil: ⇒indirekter Absatz

Direktmarketing, Verkauf ohne die Einschaltung von Außendienstmitarbeitern oder des Handels. Dazu nimmt das Marketing direkt Kontakt mit dem Kunden über Telefon, Internet oder per Zusendung von Infobriefen, Prospekten oder Katalogen auf.

Display, auffällige Form der Warenpräsentation im Handel, das i.d.R. vom Hersteller bereitgestellt wird, z.B. farblich auf das Produkt abgestimmte Pappbehälter

Distributionspolitik, alle Entscheidungen und Maßnahmen, die den Weg des Produkts vom Hersteller bis zum Endverbraucher betreffen, d.h. die Wahl der ⇒Absatzorgane bzw. Absatzwege und die Gestaltung der ⇒Marketinglogistik

Diversifikation, Aufnahme neuartiger Produkte für neue Märkte in das Programm/Sortiment

E-Commerce, elektronischer Handel, der über das Internet abgewickelt wird. Dazu richtet der Anbieter einen ⇒Webshop ein.

Einzelhandel, ⇒Handelsbetrieb, der beim ⇒Großhandel einkauft und an den Endverbraucher verkauft. Einzelhandelsketten kaufen über eigene Einkaufszentralen ein.

Eliminierung, Aussonderung eines Produkts aus dem ⇒Programm bzw. ⇒Sortiment

Factory-Outlet-Center („*FOC*"), Fabrikverkauf ermäßigter Markenprodukte in herstellereigenen Einkaufszentren. Zu diesem Zweck schließen sich mehrere Markenhersteller zusammen und verkaufen direkt an die Endverbraucher.

fixe Kosten, „*feste Kosten*", Kosten, deren Höhe von der Ausbringungsmenge unabhängig ist

Fixum, fester, umsatzunabhängiger Vergütungsanteil bei ⇒Reisenden

Franchising, indirekter Absatzweg, bei dem der Franchisenehmer mit einem Franchisegeber einen Lizenzvertrag abschließt, sodass der Franchisenehmer bestimmte Leistungen (z. B. Werbung, Produkte, Produktionsverfahren) des Franchisegebers nutzen darf

Gemeinschaftswerbung, kollektive Werbung, bei der die einzelnen werbenden Betriebe anonym bleiben

Großhandel, ⇒ Handelsbetrieb, der Waren in großen Mengen beim Hersteller kauft, um diese in den verschiedenen Regionen an den ⇒ Einzelhandel zu verkaufen

Handelsbetriebe, Überbegriff für ⇒ Groß- und ⇒ Einzelhandelsbetriebe

Handelsmakler, ein nach HGB selbstständiger Gewerbetreibender, der von Fall zu Fall die Vermittlung von Verträgen übernimmt. Er arbeitet in fremdem Namen und für fremde Rechnung und erhält dafür eine Courtage.

Handelsvertreter, ein nach HGB selbstständiger Gewerbetreibender, der ständig für ein oder mehrere Unternehmen Geschäfte vermittelt oder abschließt. Er arbeitet in fremdem Namen und für fremde Rechnung und erhält dafür eine ⇒ Provision.

Handlungsreisender, ⇒ Reisender

Image, Bild bzw. Gesamteindruck, den ein Konsument von einem Unternehmen (Unternehmensimage), einem Produkt (Produktimage) oder einer Marke (Markenimage) hat.

indirekter Absatz, Verkauf der Produkte über rechtlich selbstständige Personen oder Organisationen, vor allem Handelsbetriebe. Gegenteil: ⇒ direkter Absatz

Ist-Wert, ⇒ Soll-Ist-Vergleich

Just-in-time-Lieferung, das Unternehmen lässt sich lediglich die für die Weiterverarbeitung bzw. den Weiterverkauf erforderliche Menge zum spätestmöglichen Zeitpunkt liefern und verzichtet damit auf eine Vorratslagerhaltung.

Käufermarkt, Markt, in dem das Angebot größer ist als die Nachfrage. Gegenteil: ⇒ Verkäufermarkt.

Kommissionär, selbstständiger Kaufmann, der seine Geschäfte im eigenen Namen, aber für fremde Rechnung tätigt, d. h., er wird nicht Eigentümer der Ware und kann unverkaufte Ware dem Hersteller (Kommittent) zurückgeben.

Kommunikationspolitik, alle Entscheidungen und Maßnahmen rund um die Ansprache der Kunden, vor allem in Form von ⇒ Werbung

Konditionen (*lat.: Bedingungen*), Vertragsbedingungen des Lieferanten, vor allem zu Lieferung und Zahlung, üblicherweise in den ⇒ AGB enthalten

Kreativitätstechniken, systematische Techniken zur Optimierung der Kreativität eines Teams zur Produktentwicklung oder Namensfindung. Beispiele: Brainstorming, Mind-Mapping, 6-3-5-Methode usw.

Lizenz (*lat.: Genehmigung*), Recht, einen Lizenzgegenstand (z. B. Marke, Patent, Know-How usw.) gegen eine Lizenzgebühr gewerblich zu verwerten

Logistik, ⇒ Marketinglogistik

Marke, ein in der Gedankenwelt des Konsumenten verankertes unverwechselbares Vorstellungsbild von einem Produkt, im juristischen Sinne: Zeichen zur Unterscheidung von Waren und Dienstleistungen

Markenpositionierung, ⇒ Positionierung

Marketing (*engl.: auf den Markt bringen*), i.e.S.: Vermarktung von Produkten und Dienstleistungen; i.w.S.: konsequente markt- und kundenorientierte Unternehmensführung. Teilgebiete: ⇒ strategisches Marketing, ⇒ operatives Marketing, ⇒ Marktforschung, ⇒ Marketing-Controlling

Marketing-Controlling, Teilgebiet des Marketings, welches sicherstellt, dass alle Marketingmaßnahmen effektiv und effizient sind. Eine wichtige Rolle spielen dabei Soll-Ist-Vergleiche.

Marketinginstrumente, alle Entscheidungen und Maßnahmen der ⇒ Produkt-, ⇒ Preis-, ⇒ Distributions- und ⇒ Kommunikationspolitik

Marketinglogistik, Teilbereich der Distributionspolitik, der die „physische Distribution" (Lagerung und Transport der Fertigware zum Kunden) zum Gegenstand hat

Marketing-Mix, aufeinander abgestimmte Kombination der einzelnen ⇒ Marketinginstrumente

Marketingstrategie, langfristig geplanter Weg zur Erreichung von Marketingzielen, den das ⇒ operative Marketing zu gehen hat

Marketingziele, Ziele, die der Marketingabteilung zu Beginn einer Periode vorgegeben werden, z. B. Umsatz-, Gewinn-, Marktanteils-, Imageziele

Markierung (engl.: „Branding"), Vergeben einer ⇒ Marke für ein oder mehrere Produkte wie auch für das gesamte Unternehmen.

Markt, *1. im Marketing*: Summe aus tatsächlichen und potenziellen Nachfragern nach einem Produkt oder einer

Produktgruppe. Dabei unterscheidet man Konsumgütermärkte, bei denen die Endverbraucher als Nachfrager auftreten, und Investitionsgütermärkte, bei denen Unternehmen als Nachfrager auftreten (siehe auch: ⇒ Marktabgrenzung). *2. in der Volkswirtschaft*: Zusammentreffen von Angebot und Nachfrage

Marktabgrenzung, sachliche, räumliche oder zeitliche Eingrenzung des betrachteten Marktes.

Marktanalyse, Erforschung eines Marktes zu einem Zeitpunkt

Marktanteil, prozentualer Anteil am ⇒ Marktvolumen, der auf das betrachtete Unternehmen entfällt

Marktbeobachtung, Erforschung eines Marktes über einen längeren Zeitraum

Marktforschung, systematische Erforschung der Kundenwünsche und der Wettbewerbssituation

Marktpotenzial, der insgesamt maximal mögliche Umsatz (ggf. Absatz), der mit einem Produkt in einer Periode auf einem Markt erwirtschaftet werden könnte. Es stellt damit die theoretische Obergrenze des ⇒ Marktvolumens dar.

Marktprognose, Vorhersage zukünftiger Marktentwicklungen auf Grundlage der ⇒ Marktanalyse und der ⇒ Marktbeobachtung

Marktsegment, hinsichtlich der Kundenanforderungen homogener Teilmarkt eines heterogenen Gesamtmarktes.

Marktsegmentierung, Zerlegen eines heterogenen Gesamtmarktes in homogene Teilmärkte mit der Absicht, sich auf diese zu spezialisieren.

Marktvolumen, der mit den Endverbrauchern tatsächlich erwirtschaftete Gesamtumsatz (bzw. -absatz) aller Anbieter eines Produktes auf einem Markt.

Mediaplan, *Werbeträgerplan*, kalendermäßige Planung der Schaltung von ⇒ Werbung in den einzelnen, zielgruppenspezifischen ⇒ Werbeträgern.

Nachfragekurve, Kurve, die die Abhängigkeit der Nachfrage vom Preis eines Gutes auf einem Markt darstellt

Niederlassung, ⇒ Verkaufsniederlassung

Öffentlichkeitsarbeit, ⇒ Public Relations

operatives Marketing, Tagesgeschäft des Marketings, alltäglicher konkreter Einsatz der ⇒ Marketinginstrumente zur Umsetzung der Marketingstrategien

Patent, ein durch das Patentamt verliehenes ausschließliches Recht zur Benutzung und gewerblichen Verwertung einer Erfindung

Penetrationspreisstrategie, Preisstrategie, bei der ein Preis zunächst gering angesetzt und später angehoben wird

Portfolioanalyse, Instrument des strategischen ⇒ Marketing-Controllings, um Chancen und Risiken der verschiedenen Marktaktivitäten (Produkte, Produktgruppen) eines Unternehmens auf unterschiedlichen Märkten übersichtlich darzustellen

Positionierung, Strategie der Verankerung eines einzigartigen Verkaufsvorteils (⇒ USP) eines Produkts bzw. Anbieters gegenüber der Konkurrenz in der Gedankenwelt der Kunden

Preisabsatzfunktion, ⇒ Nachfragekurve

Preisbindung, *vertikale, auch: „Preisbindung der zweiten Hand"*, vertragliche Verpflichtung des Handels, beim Wiederverkauf einen bestimmten Preis einzuhalten. Die Preisbindung ist in Deutschland nur noch bei Verlagserzeugnissen gesetzlich erlaubt.

Preisdifferenzierung, Strategie der künstlichen Unterscheidung von Preisen. Arten: räumliche, zeitliche, kundenspezifische Preisdifferenzierung.

Preiselastizität, das Verhältnis der prozentualen Nachfragemengenänderung zur prozentualen Preisänderung eines Gutes. Ergebnis ist eine Kennzahl, die angibt, wie der Umsatz auf eine Preisveränderung reagiert.

Preisempfindlichkeit, Verhältnis der absoluten Nachfragemengenänderung zur absoluten Preisänderung. Ergebnis ist die Steigung der Nachfragekurve, die angibt, wie der Absatz auf eine Preisänderung reagiert.

Preispolitik, alle Entscheidungen und Maßnahmen rund um die Preisgestaltung eines Produkts

Premiumpreisstrategie, langfristig angelegte Hochpreisstrategie

Primärforschung, selbstständige Erhebung der erforderlichen Marktforschungsinformationen vor Ort durch das Unternehmen

Product-Placement, gezieltes sichtbares Platzieren eines Markenprodukts in einem (Spiel-)Film

Produktdifferenzierung, ein Produkt wird in mehreren Varianten angeboten, um den Bedürfnissen verschiedener Zielgruppen besser gerecht zu werden.

Produkteliminierung, Aussondern eines Produkts aus dem ⇒ Programm oder ⇒ Sortiment

Produktgruppe, Produktlinie, Gruppe verwandter bzw. zusammengehöriger Produkte hinsichtlich Verwendungszweck oder Produktionsverfahren eines Industriebetriebs. Handelsbegriff: Warengruppe

Produktinnovation, Produkt, welches durch ein Unternehmen neu entwickelt und vermarktet wird. Sofern andere Hersteller dieses Produkt bereits anbieten, spricht man von „Me-too-Innovation" (Nachahmungsprodukt).

Produktlebenszyklus, Umsatzentwicklung eines Produkts (oder einer Produktgruppe) im Zeitablauf, welcher in Phasen (Einführungs-, Wachstums-, Reife-, Sättigungs- und Degenerationsphase) unterteilt wird

Produktlinie, ⇒ Produktgruppe

Produktpolitik, alle Entscheidungen und Maßnahmen rund um die Produktgestaltung

Produktpositionierung, ⇒ Positionierung

Produktvariation, *Relaunch*, Abänderung eines am Markt befindlichen Produktes. Die Anzahl der Produkte des ⇒ Programms bleibt unverändert.

Programm, Gesamtheit der Artikel, die ein Industrieunternehmen anbietet

Promotionspreisstrategie, langfristig angelegte Niedrigpreisstrategie

Provision, umsatzabhängige Vergütung geleisteter Dienste, üblich bei ⇒ Reisenden und ⇒ Handelsvertretern

Public Relations (*PR*), *Öffentlichkeitsarbeit*, Teilbereich der ⇒ Kommunikationspolitik, der für den Aufbau und die Pflege eines positiven Unternehmensimages in der Öffentlichkeit zuständig ist.

Rack-Jobber, Hersteller oder Großhändler, denen in Handelsbetrieben Verkaufsraum oder Regalflächen zur Verfügung gestellt werden, um dort auf eigene Rechnung Waren anzubieten

Reisender, abhängig beschäftigter Außendienstmitarbeiter, welcher Kunden besucht, berät und Verkaufsgespräche vor Ort führt

Relaunch, ⇒ Produktvariation

Salespromotion, ⇒ Verkaufsförderung

Sammelwerbung, kollektive Werbung, bei der die werbenden Betriebe namentlich genannt werden

Segmentierung, ⇒ Marktsegmentierung

Sekundärforschung, *Desk Research*, Teilbereich der Marktforschung, der auf bereits erhobene Daten zurückgreift

Skimmingstrategie, *Abschöpfungsstrategie*, Preisstrategie, bei der ein Preis zuerst sehr hoch angesetzt und dann langsam gesenkt wird

Soll-Ist-Vergleich, Vergleich der tatsächlich vorliegenden Ist-Werte mit den ursprünglich geplanten Soll-Werten, Afgabengebiet des ⇒ Marketing-Controllings

Soll-Wert, ⇒ Soll-Ist-Vergleich

Sortiment, Gesamtheit der Artikel, die ein Handelsbetrieb anbietet

Sponsoring, systematische Förderung von Personen, Organisationen und Veranstaltungen mit Geld- oder Sachmitteln durch einen „Sponsor" zur Erreichung von Marketingzielen

strategisches Marketing, langfristige Planung der Grundausrichtung eines Unternehmens. Zu diesem Zweck werden ⇒ Marketingziele und ⇒ Marketingstrategien festgelegt, die dem ⇒ operativen Marketing als Vorgaben dienen.

Streukreis, in einem Werbeplan definierte ⇒ Zielgruppe, die umworben werden soll

Streuplan, ⇒ Mediaplan

Streweg, Festlegung der ⇒ Werbeträger und ⇒ Werbemittel

Streuzeit, im ⇒ Mediaplan festgelegte Zeiten der Schaltung von Werbung in den einzelnen ⇒ Werbeträgern.

Teilkostenrechnung, Kostenrechnung, die vor allem die ⇒ variablen Kosten berücksichtigt

Umsatz, *Erlös*, Produktabsatz mal Produktpreis

Umsatzanteil, Anteil eines Produkts oder einer Produktgruppe am Gesamtumsatz des Unternehmens

unlauterer Wettbewerb, unfaire Marketingmaßnahmen, die gegen das Gesetz gegen den unlauteren Wettbewerb (U) verstoßen

unverbindliche Preisempfehlung, (*UVP*), öffentlich kommunizierte Empfehlung des Herstellers, einen bestimmten Preis vom Endverbraucher zu verlangen. Der Hersteller versucht dadurch, Einfluss auf die Preisgestaltung des Handels zu nehmen.

USP, („unique selling proposition"), einzigartiger Verkaufsvorteil des eigenen Produkts gegenüber den Wettbewerbsprodukten

variable Kosten, *„veränderliche Kosten"*, Kosten, deren Höhe von der Ausbringungsmenge abhängig ist

Verkaufsförderung, Teilbereich der ⇒ Kommunikationspolitik, der unterstützende Maßnahmen für ⇒ Absatzorgane sowie für Kunden vorsieht und damit stets mittel- oder unmittelbar am Verkauf ansetzt

Verkäufermarkt, Markt, in dem die Nachfrage größer ist als das Angebot. Gegenteil: ⇒ Käufermarkt

Verkaufsniederlassung, unternehmenseigene Verkaufsstützpunkte für den Endverbraucher

Vertriebsabteilung, dem ⇒ Marketing untergeordnete betriebliche Abteilung, die für den Verkauf, die ⇒ Akquisition sowie die Beratung der Kunden zuständig ist. Der Vertrieb beschäftigt Innen- und Außendienstmitarbeiter (⇒ Reisende).

Vertriebsweg, ⇒ Absatzweg

Vollkostenrechnung, Kostenrechnung, die sämtliche betrieblichen Kosten berücksichtigt

Wachstumsstrategien, *Marktfeldstrategien*, vier Produkt-Markt-Kombinationen, die ein Unternehmen abprüfen kann, um Wachstumschancen auszuloten. Kombiniert werden dabei alte und neue Produkte mit alten und neuen Märkten.

Webshop, Internetseite, auf der die Produkte eines Unternehmens angesehen und bestellt werden können. Der Webshop stellt somit eine Schnittstelle zwischen der ⇒ Distributionspolitik und der ⇒ Kommunikationspolitik dar.

Werbemittel, das eigentliche Werbeprodukt wie z. B. Werbeanzeige, TV-Spot, Radiospot, Plakat, Websitebanner, welches mithilfe des ⇒ Werbeträgers übermittelt wird

Werbeplan, systematische Planung der Werbung in folgenden Schritten: Analyse der Ausgangssituation und Zielgruppe, Werbebudget, Werbeziele, Werbebotschaft, Auswahl der Werbeträger (⇒ Mediaplan)

Werberendite, Verhältnis von Umsatzzuwachs zu Werbekosten

Werbeträger, Medium, mit dessen Hilfe das ⇒ Werbemittel transportiert wird, wie z. B. Zeitungen, Zeitschriften, TV-Sender, Kino, Radiosender, Plakatwände/-säulen, Websites im Internet

Werbung, bezahlter Einsatz von Massenmedien mit dem Ziel, Einfluss auf die Kaufentscheidung einer ⇒ Zielgruppe zugunsten des werbenden Unternehmens auszuüben

Zielgruppe, auch ⇒ Streukreis, der Kreis der Adressaten, auf den eine Marketingmaßnahme abgestimmt ist

Zielkostenrechnung, *Target Costing*, marktorientierte Kostenrechnung, die nicht fragt, was ein Produkt kosten wird, sondern was es höchstens kosten darf. Die Zielkostenrechnung findet bereits vor der eigentlichen Produktentwicklung unter Mitwirkung aller betroffenen Verantwortlichen statt.

Zuschlagskalkulation, Verfahren der ⇒ Vollkostenrechnung zur Kalkulation des Verkaufspreises unter Einbeziehung sämtlicher Kosten zuzüglich eines Gewinnzuschlags

zyklische Werbung, verstärkter Werbeaufwand bei hohem Unternehmensumsatz. Gegenteil: ⇒ antizyklische Werbung

K Kann-Liste

Ich kann	Bitte ankreuzen!		wenn Nein: siehe Seite(n)
	Ja	Nein	
Grundlagen			
das Marketing als betriebliche Funktion einordnen.	☐	☐	6
Ziele und Aufgaben einer Marketingabteilung einordnen und erläutern.	☐	☐	11 ff.
strategisches und operatives Marketing unterscheiden.	☐	☐	12 ff.
Strategische Situationsanalysen			
eine SWOT-Analyse erstellen und erläutern.	☐	☐	17
die Normstrategien aus der SWOT-Analyse ableiten.	☐	☐	17
den Marktanteil, das Marktvolumen und das Marktpotenzial ermitteln.	☐	☐	19
den Produktlebenszyklus und seine Phasen erläutern	☐	☐	21
Empfehlungen aus der Analyse des Produktlebenszyklus ableiten.	☐	☐	20
eine Portfolioanalyse erstellen und erläutern.	☐	☐	13
beurteilen, ob ein Produktportfolio ausgewogen ist.	☐	☐	23
die Normstrategien zur Portfolioanalyse kritisch diskutieren.	☐	☐	22 f.
Strategische Marketingplanung			
Marketingziele SMART formulieren.	☐	☐	27
ökonomische (quantitative) und psychologische (qualitative) Marketingziele unterscheiden.	☐	☐	27
alternative Zielbeziehungen unterscheiden und betriebswirtschaftliche Schlussfolgerungen ableiten.	☐	☐	27
alternative Wachstumsstrategien entwickeln und einordnen.	☐	☐	29
die Größe eines Marktes oder eines Marktsegments überschlagen.	☐	☐	30
begründen, warum das Marketing Märkte segmentiert.	☐	☐	31
Märkte nach unterschiedlichen Kriterien segmentieren.	☐	☐	32
alternative Marktsegmentierungsstrategien skizzieren und erläutern.	☐	☐	33
begründen, warum ein Unternehmen sich im Wettbewerb positionieren muss.	☐	☐	35
die Bedeutung eines Alleinstellungsmerkmals (USP) erläutern.	☐	☐	35
Anforderungen an eine erfolgreiche Positionierung begründen.	☐	☐	35
den Grundgedanken von Customer-Relationship-Strategien erläutern.	☐	☐	35

Ich kann	Bitte ankreuzen!		wenn Nein: siehe Seite(n)
	Ja	Nein	
Marktforschung			
die einzelnen Schritte einer Befragung benennen und erläutern.	☐	☐	38
den Prozess einer Befragung planen.	☐	☐	38 f.
unterschiedliche Fragearten unterscheiden.	☐	☐	42 f.
Regeln der Fragebogenerstellung erläutern.	☐	☐	44 f.
einen qualifizierten Fragebogen entwickeln.	☐	☐	42 ff.
begründen, warum ein Auswahlverfahren repräsentativ sein muss.	☐	☐	47
alternative repräsentative Auswahlverfahren unterscheiden.	☐	☐	47
ausgefüllte Fragebögen qualifiziert auswerten.	☐	☐	49
ein Stärken-Schwächen-Profil für Wettbewerbsprodukte entwickeln.	☐	☐	51
aus den Ergebnissen der Marktforschung konkrete Empfehlungen für den Marketingmix ableiten.	☐	☐	52
unterschiedliche Forschungsgegenstände der Marktforschung benennen.	☐	☐	53
die Primärforschung und die Sekundärforschung unterscheiden.	☐	☐	53
die Begriffe Marktanalyse, Marktbeobachtung und Marktprognose erläutern.	☐	☐	53
Produktpolitik			
ein Produktkonzept unter Einsatz von Kreativitätstechniken entwickeln.	☐	☐	56 ff.
Wesen und Nutzen einer Marke erläutern.			61
alternative Markenstrategien unterscheiden und erläutern.	☐	☐	61 f.
Programm- und Sortimentsentscheidungen unterscheiden und erläutern.	☐	☐	63
produktpolitische Grundsatzentscheidungen (Innovation, Variation, Differenzierung, Eliminierung) erläutern und dem Produktlebenszyklus zuordnen.	☐	☐	64
produktpolitische Detailentscheidungen (Produktgestaltung, Verpackungsdesign, Markierung, Servicepolitik) erläutern.	☐	☐	64
Preis- und Konditionenpolitik			
eine Nachfragekurve grafisch darstellen und interpretieren.	☐	☐	67
das Nachfragegesetz erläutern und begründen.	☐	☐	67
wichtige Ausnahmen des Nachfragegesetzes (Veblen-Effekt, Snob-Effekt, Giffen-Effekt) unterscheiden.	☐	☐	67
die Merkmale und den Sinn des vollkommenen Marktes erläutern.			67
die Empfindlichkeit unterschiedlicher Nachfragekurven interpretieren.	☐	☐	68
die Elastizität von Nachfragekurven berechnen und erläutern.	☐	☐	68 f.

Ich kann	Bitte ankreuzen!		wenn Nein: siehe Seite(n)
	Ja	Nein	
Preis- und Konditionenpolitik			
Umsatzeffekte einer Preisveränderung auf unterschiedlichen Bereichen der Nachfragekurve ermitteln und erläutern.	☐	☐	69
eine doppelt geknickte Preisabsatzfunktion auf unvollkommenen Märkten interpretieren und betriebswirtschaftliche Schlussfolgerungen ableiten.	☐	☐	69
eine in sich schlüssige Preisstrategie entwickeln und präsentieren.	☐	☐	72 f.
den Listenverkaufspreis mithilfe einer Zuschlagskalkulation ermitteln.	☐	☐	75
den Deckungsbeitrag, die kurzfristige Preisuntergrenze und den Break-Even-Point ermitteln.	☐	☐	78
die Zielkosten bestimmen.	☐	☐	81
die Zielkosten spalten und auf die Produktkomponenten verteilen.	☐	☐	83 f.
den Zielkostenindex ermitteln und Schlussfolgerungen ableiten.	☐	☐	85
die drei Orientierungsgrößen der Preispolitik erläutern.	☐	☐	86
moderne und traditionelle Kostenrechnungssysteme unterscheiden.	☐	☐	86
Entscheidungsfelder der Konditionenpolitik beschreiben.	☐	☐	87
Distributionspolitik			
das Vertriebssystem eines Unternehmens grafisch darstellen und erläutern.	☐	☐	90 f.
unternehmenseigene und rechtlich selbstständige Absatzorgane unterscheiden und beschreiben.	☐	☐	91
ermitteln, ob der Reisende oder der Handelsvertreter die günstigere Vertriebsalternative darstellt.	☐	☐	92
Pro und Contra des Vertriebswegs „Factory-Outlet-Center" diskutieren.	☐	☐	93
Chancen und Risiken des Vertriebswegs „Electronic Commerce" diskutieren.	☐	☐	94
einen einfachen Webshop mit einer Freeware entwickeln.	☐	☐	95
direkten und indirekten Absatz unterscheiden.	☐	☐	96
Aufgaben der Marketinglogistik beschreiben.	☐	☐	96
Kommunikationspolitik			
grundlegende Techniken der Werbepsychologie einordnen und erläutern.	☐	☐	100 ff.
Aufbau und Inhalt eines Werbeplans beschreiben und erläutern.	☐	☐	106 f.
einen strukturierten Werbeplan entwickeln und begründen.	☐	☐	104 ff.
eine Mediaplanung entwickeln und begründen.			108 ff.
eine Werbeanzeige mithilfe von Techniken der Werbepsychologie entwickeln.	☐	☐	111 ff.

Ich kann	Bitte ankreuzen!		wenn Nein: siehe Seite(n)
	Ja	Nein	
Kommunikationspolitik			
alternative Konzepte der Online-Kommunikation unterscheiden.	☐	☐	113
Chancen und Risiken einer Social-Networt-Kampagne diskutieren.	☐	☐	112 f.
ein Konzept für eine Social-Network-Kampagne entwickeln.	☐	☐	112 f.
wichtige Instrumente der Kommunikationspolitik unterscheiden.	☐	☐	114 f.
die AIDA-Formel erläutern.	☐	☐	114 f.
alternative Arten der Werbung unterscheiden und erläutern.	☐	☐	115
das Konzept einer Corporate Identity (ID) erläutern.	☐	☐	115
Marketingcontrolling			
Soll-Ist-Abweichungen des Erfolgs einzelner Produktgruppen sowie des Betriebserfolgs ermitteln und analysieren.	☐	☐	120
Soll- und Ist-Abweichungen wichtiger Kennzahlen des Werbeerfolgs ermitteln und analysieren.	☐	☐	120
die Soll-Ist-Abweichungen von Deckungsbeiträgen ermitteln und analysieren.	☐	☐	120
Handlungsprodukte und Projekte (Anhang)			
ein Befragungsprojekt planen, durchführen und evaluieren.	☐	☐	131
ein Produktkonzept entwickeln, begründen und evaluieren.	☐	☐	132
eine Werbekampagne planen, durchführen und evaluieren.	☐	☐	133
ein Marketingkonzept entwickeln, begründen und evaluieren.	☐	☐	134

Literatur zum Einsatz von Kann-Listen:

Herold C., Herold, M: Selbstorientiertes Lernen in Schule und Beruf, Weinheim und Basel 2010

L Anhang: Checklisten für Marketingprojekte

Checkliste: Projekt Befragung

Vorbereitung

☐ Ist das Ausgangsproblem des Auftraggebers eindeutig geklärt?

☐ Liegen alle Befragungsziele des Auftraggebers eindeutig formuliert und schriftlich vor?

☐ Ist ein repräsentatives Auswahlverfahren festgelegt – und kann es begründet werden?

Fragebogenerstellung

☐ Liegen alle erforderlichen Informationen zur Fragebogenerstellung schriftlich vor?

☐ Sind bei allen Fragen des Fragebogens

    ☐ geeignete Fragearten ausgewählt?

    ☐ die 12 Regeln der Fragebogenerstellung beachtet?

☐ Ist der Fragebogen getestet und, sofern erforderlich, überarbeitet?

☐ Liegt der fertige Fragebogen in ausreichender Anzahl am rechten Ort vor?

Auswertung

☐ Sind die ausgefüllten Fragebögen auf Vollständigkeit und Gültigkeit überprüft?

☐ Sind alle geplanten Diagramme grob skizziert und

    ☐ tragen zur Erreichung der Befragungsziele bei?

    ☐ bringen die Hauptaussagen deutlich zum Ausdruck?

    ☐ sind leicht verständlich?

☐ Sind alle Antworten diagrammgerecht ausgezählt?

☐ Sind alle Diagramme in einer geeigneten Software erstellt?

☐ Liegen alle Diagramme vollständig beschriftet (Titel, Achsen, Legenden) vor?

Ergebnisdokumentation

☐ Werden Anlass und Ziele der Befragung nachvollziehbar erläutert?

☐ Wird das Auswahlverfahren vorgestellt und begründet?

☐ Werden Aufbau und Fragen des Fragebogens nachvollziehbar begründet?

☐ Sind alle Diagramme enthalten und gut lesbar?

☐ Wird jedes Diagramm plausibel erläutert?

☐ Werden aus den Ergebnissen plausible Empfehlungen abgeleitet?

☐ Gibt es ein Deckblatt und ein Inhaltsverzeichnis mit Seitenzahlen?

☐ Liegt die Ergebnisdokumentation in ausreichender Anzahl gebunden vor?

☐ Liegt eine schriftliche Empfangsbestätigung des Auftraggebers vor?

Checkliste: Projekt Produktkonzept

Anforderungen an das Produkt

☐ Sind alle Kundenanforderungen an das Produkt bekannt?

☐ Ist geprüft, ob sich Anforderungen aus erfolgreichen Konkurrenzprodukten ableiten lassen?

☐ Ist geprüft, ob sich Anforderungen aus der Positionierungsstrategie ableiten lassen?

☐ Sind sonstige Anforderungen (des Auftraggebers, des Entwicklerteams usw.) erfasst?

☐ Liegen alle Anforderungen schriftlich vor und sind unmissverständlich formuliert?

Ideenworkshop: Produkt und Produktname

☐ Sind bereits existierende Produktideen recherchiert und berücksichtigt?

☐ Haben für die Ideenentwicklung kreative Querdenker zugesagt?

☐ Sind geeignete Kreativitätstechniken ausgewählt und sorgfältig vorbereitet?

☐ Sind ausreichend originelle und geeignete Produktideen entwickelt worden?

☐ Sind ausreichend originelle und geeignete Ideen für Produktnamen entwickelt worden?

☐ Sind alle Ideen dokumentiert?

☐ Sind die besten Ideen nachvollziehbar (z. B. mit einer Nutzwertanalyse) ausgewählt?

Dokumentation (Produktkonzept)

☐ Sind alle Anforderungen aufgeführt und im Bedarfsfall erläutert?

☐ Ist das Produktdesign in nachvollziehbaren Entwürfen (Skizzen, Zeichnungen usw.) visualisiert?

☐ Sind das Produkt und seine Komponenten verständlich beschrieben?

☐ Ist der entwickelte Produktname ausgewiesen und plausibel begründet?

☐ Ist die geplante Verpackung visualisiert und nachvollziehbar begründet?

☐ Sind alle Anlagen (Anforderungen, alternative Ideen, Nutzwertanalysen usw.) beigefügt?

☐ Gibt es ein Deckblatt und ein Inhaltsverzeichnis mit Seitenzahlen?

☐ Liegt das Produktkonzept in ausreichender Zahl gebunden vor?

☐ Liegt eine schriftliche Empfangsbestätigung des Auftraggebers vor?

Prototyp

☐ Ist ein geeignetes Material (Pappe, Folie, Modelliermasse usw.) ausgewählt?

☐ Ist der Prototyp auf Eignung (Anschaulichkeit, Transportierbarkeit usw.) überprüft?

☐ Stimmt der fertige Prototyp mit dem Produktkonzept überein?

Checkliste: Projekt Werbekampagne

Werbe- und Mediaplan

- ☐ Sind das Unternehmen und der Markt analysiert?
- ☐ Ist das Werbeobjekt (Produkt, Produktmerkmale usw.) nachvollziehbar beschrieben?
- ☐ Ist die Zielgruppe präzise beschrieben?
- ☐ Ist das Werbebudget ausgewiesen?
- ☐ Liegen SMART formulierte Werbeziele schriftlich vor?
- ☐ Ist die Werbebotschaft schriftlich formuliert und mit der Positionierungsstrategie vereinbar?
- ☐ Liegt ein Mediaplan vor – und ist er vereinbar mit den Werbezielen und dem Werbebudget?

Printmedien (Prospekt, Plakat, Flyer)

- ☐ Liegt ein Entwurf (Skizze) vom geplanten Printmedium vor und berücksichtigt er
  - ☐ den Werbeplan?
  - ☐ die Techniken der Werbepsychologie?
- ☐ Liegen die geplanten Fotos in ausreichender Qualität (Auflösung, Schärfe usw.) vor?
- ☐ Ist das geplante Layout technisch umsetzbar?
- ☐ Ist die Rechtschreibung überprüft?

Werbespot (TV)

- ☐ Liegt ein Entwurf des Werbespots (Grobkonzept, Storyboard) vor und berücksichtigt er
  - ☐ den Werbeplan?
  - ☐ die Techniken der Werbepsychologie?
- ☐ Ist die Technik organisiert (Kamera, Stativ, Mikrofon, Schneidesoftware usw.)?
- ☐ Sind die Drehorte reserviert?
- ☐ Ist die Bildqualität ausreichend (Belichtung, Bildruhe, Schärfe usw.)?
- ☐ Ist die Tonqualität ausreichend (verständliche Sprache, keine Störgeräusche usw.)?
- ☐ Sind regionale Sendeanstalten informiert?
- ☐ Ist der fertige Werbespot im erforderlichen Dateiformat abgespeichert?

Werbespot (Hörfunk)

- ☐ Liegt ein Konzept des Werbespots vor und berücksichtigt es
  - ☐ den Werbeplan?
  - ☐ die Techniken der Werbepsychologie?
- ☐ Ist die Technik organisiert (Mikrofon, Software usw.)?
- ☐ Liegen geplante Musikbeiträge, Geräusche, Jingles usw. als Dateien vor?
- ☐ Sind die einzelnen Sprachaufnahmen („Takes") mit den Jingles usw. abgestimmt?
- ☐ Ist die Tonqualität ausreichend (verständliche Sprache, keine Störgeräusche usw.)?
- ☐ Sind regionale Sendeanstalten informiert?
- ☐ Ist der fertige Werbespot im erforderlichen Dateiformat abgespeichert?

Checkliste: Projekt Marketingkonzept

Teil I: Strategisches Marketing

Strategische Analysen

- ☐ Sind die Stärken, Schwächen, Chancen und Risiken analysiert?
- ☐ Sind die wichtigsten Marktgrößen (Marktvolumen, Marktanteile, Marktpotenzial) analysiert?
- ☐ Sind relevante Produktlebenszyklen analysiert?
- ☐ Ist das Produktportfolio des Unternehmens analysiert?
- ☐ Liegen alle Analyseergebnisse schriftlich vor?

Marketingziele

- ☐ Sind ökonomische und psychologische Ziele bedacht worden?
- ☐ Sind alle Marketingziele SMART formuliert?
- ☐ Sind konfliktäre Ziele priorisiert?
- ☐ Sind die Ziele und relevante Zielbeziehungen dokumentiert?

Wachstumsstrategien (Marktfeldstrategien)

- ☐ Sind folgende Wachstumsstrategien auf Eignung überprüft?
  - ☐ Marktdurchdringung
  - ☐ Marktentwicklung
  - ☐ Produktentwicklung
  - ☐ horizontale, vertikale, laterale Diversifizierung
- ☐ Liegen begründete Empfehlungen in schriftlicher Form vor?

Massenmarktstrategie/Segmentierungsstrategie

- ☐ Ist überprüft, ob eine Massenmarkt- oder eine Segmentierungsstrategie angebracht ist?
- ☐ Ist geprüft, ob das Unternehmen im Falle der Marktsegmentierung
  - ☐ sich auf ein Marktsegment konzentrieren sollte?
  - ☐ ausgewählte Marktsegmente differenziert bearbeiten sollte?
  - ☐ alle Marktsegmente differenziert bearbeiten sollte?
- ☐ Liegen begründete Empfehlungen in schriftlicher Form vor?

Positionierungsstrategie

- ☐ Ist analysiert, in welchen Bereichen das Unternehmen dem Wettbewerb überlegen ist?
- ☐ Ist ein Alleinstellungsmerkmal für die Positionierung ausgewählt und begründet?
- ☐ Ist die derzeitige Positionierungsstrategie ...
  - ☐ nur auf eine Produkteigenschaft bezogen – und nicht auf mehrere?
  - ☐ nicht ohne Weiteres von der Konkurrenz kopierbar?
  - ☐ hinreichend langfristig angelegt?
- ☐ Liegen begründete Empfehlungen in schriftlicher Form vor?

Teil II: Operatives Marketing (Marketingmix)

Produkt- und Programmpolitik

Liegen zu folgenden Entscheidungen begründete Empfehlungen vor?

☐ Produktinnovation, -variation, -differenzierung, -elimination

☐ Produktgestaltung (Funktionen, Qualität, Design und Umweltverträglichkeit usw.)

☐ Verpackungsgestaltung (Nutzung der Verpackungsfunktionen)

☐ Markierung (Einzel-, Familien-, Dachmarke)

☐ Kundenservice (Kundendienst, Lieferleistungen, Garantieleistungen, Zusatzleistungen)

☐ Ausgewogenheit des Produktprogramms (Breite, Tiefe, Kern- und Randsortiment)

Preis- und Konditionenpolitik

Liegen zu folgenden Entscheidungen begründete Empfehlungen vor?

☐ Preisbestimmung unter Berücksichtigung von Nachfrage, Kosten und Konkurrenz

☐ Preisstrategien (Preispositionierung, -differenzierung, -schwellen, -durchsetzung usw.)

☐ Konditionen (Rabatte, Lieferbedingungen, Zahlungsbedingungen, Absatzfinanzierung)

Distributionspolitik

Liegen zu folgenden Entscheidungen begründete Empfehlungen vor?

☐ Einschaltung unternehmenseigener Absatzorgane (Reisende, Internet (B2B, B2C) usw.

☐ Einschaltung rechtlich selbstständiger Absatzorgane (Handel, Franchise, Handelsvertreter) usw.

☐ Auswahl von Lager und Transportmittel und Transportverpackung

Kommunikationspolitik

Liegen zu folgenden Entscheidungen begründete Empfehlungen vor?

☐ Corporate Identity (Corporate Design, Corporate Behavior)

☐ Klassische Werbung (Flyer, Prospekte, Plakate, Zeitungen, Hörfunk-/TV-Spots usw.)

☐ Onlinewerbung im Web 1.0 (Website, Banner, Anzeigen in Suchmaschinen usw.)

☐ Onlinewerbung im Web 2.0 (soziale Netzwerke, Blogs, Communities usw.)

☐ Product-Placement (Schleichwerbung in Filmen)

☐ Public Relations (Betriebsbesichtigungen, Pressekonferenzen, Diskussionen usw.)

☐ Sponsoring (T-Shirts von Sportvereinen usw.)

☐ Messen und Ausstellungen

☐ Verkaufsförderung (für Vertriebsmitarbeiter, Handel oder Konsumenten)

☐ Direktkommunikation (persönlich adressierte Werbesendungen, Telefonwerbung usw.)

☐ Eventmarketing (Konzerte, Sportveranstaltungen usw.)

Abschlussarbeiten

☐ Sind alle Empfehlungen aufeinander abgestimmt („Marketingmix")?

☐ Gibt es ein Deckblatt und ein Inhaltsverzeichnis mit Seitenzahlen?

☐ Liegt das Konzept in ausreichender Anzahl und gebunden vor?

☐ Liegt eine schriftliche Empfangsbestätigung des Auftraggebers vor?

▰▰ M Sachwortverzeichnis

N Quellenverzeichnis

Bildquellenverzeichnis

Bausparkasse Schwäbisch Hall AG, Schwäbisch Hall: 99.1
Daimler AG, Stuttgart: 61.3
Coca-Cola GmbH, Berlin: 61.1
Fotolia Deutschland GmbH: 46.1 (cirquedesprit), 111.1 (Yuri Arcurs)
Getränke Ahlers GmbH, Achim: 98.1
M4 Media Werbeagentur, Münster: 61.2
MÄURER & WIRTZ GmbH & Co. KG, Stolberg: 61.4
MEV Verlag GmbH, Augsburg: 8.1, 12.1, 40.1, 71.1, 79.1

Literaturverzeichnis

Becker, J.: *Marketingkonzeption – Grundlagen des ziel-strategischen und operativen Marketing-Managements,* 9. Auflage, München 2009

Berekoven, L.; Eckert, W.; Ellenrieder, P.: *Marktforschung – Methodische Grundlagen und praktische Anwendung,* 10. Auflage, Wiesbaden 2004

Bruhn, M.: *Marketing – Grundlagen für Studium und Praxis,* 11. Auflage, Wiesbaden 2012

Coenenberg, G.; Fischer, T. M.; Günther, T.: *Kostenrechnung und Kostenanalyse,* 7. Auflage, Stuttgart 2009

Däumler, K.-D.; Grabe, J.: *Kostenrechnung 3 – Plankostenrechnung und Kostenmanagement,* 8. Auflage, Herne 2009

Gruner & Jahr AG & Co KG: *Kommunikationsanalyse – Frauen in Deutschland: Einstellungen, Marken, Medien,* Hamburg 2012

Kotler, P.: *Kotlers Marketing Guide,* Frankfurt/New York 2004

Kotler, P.; Armstrong, G.; Wong, V.; Saunders, J.: *Grundlagen des Marketing,* 5. Auflage, München 2011

Kotler, P.; Bliemel, F.: *Marketing – Management – Analyse, Planung und Verwirklichung,* 10. Auflage, Stuttgart 2001

Kroeber-Riel, W.: *Strategie und Technik der Werbung,* 7. Auflage, Stuttgart 2011

Kreutzer, R. T.: *Praxisorientiertes Marketing – Grundlagen, Instrumente, Fallbeispiele,* 3. Auflage, Wiesbaden 2010

Kuß, A.: *Marketing – Einführung, Grundlagen, Überblick, Beispiele,* 3. Auflage, Wiesbaden 2006

Levy, J. R.: *Facebook Marketing – Gestalten Sie Ihre erfolgreichen Kampagnen,* München 2012

Meffert, H.; Burmann, C.; Kirchgeorg, M.: *Marketing – Grundlagen marktorientierter Unternehmensführung,* 11. Auflage, Wiesbaden 2012

Nieschlag, R.; Dichtl, E.; Hörschgen, H.: *Marketing,* 19. Auflage, Berlin 2002

Scharf, A.; Schubert, B.; Hehn, P.: *Marketing – Einführung in Theorie und Praxis,* 4. Auflage, 2009

Schmidt, A.: *Kostenrechnung – Grundlage der Vollkosten-, Deckungsbeitrags- und Plankostenrechnung sowie des Kostenmanagements,* 6. Auflage, Stuttgart 2011

Schnell, R.; Hill, P. B.; Esser, E.: *Methoden der empirischen Sozialforschung,* 9. Auflage, München 2011

Schweiger, G.; Schrattenecker, G.: *Werbung,* 7. Auflage, Stuttgart 2009

Weis, H. C.: *Marketing,* 15. Auflage, Ludwigshaven (Rhein) 2009